刘植荣 / 编译

世界商界领袖
演讲精选

SELECTED BUSINESS ELITES` SPEECHES
OF THE CONTEMPORARY WORLD

江西人民出版社
全国百佳出版社

创新是企业家的灵魂(代序)

本书收录的23篇世界知名商界领袖的经典演讲,有的谈人生意义,有的谈创业选择,有的谈投资理财,有的谈成功秘诀,有的谈科技进步,有的谈产业趋势,有的谈企业管理,有的谈世界经济,有的谈企业家的社会责任,但每篇演讲的字里行间,都闪烁着创新思想。创新,是企业家的灵魂。

起初的计算机是个“庞然大物”,要给它盖一栋计算机楼,还要装中央空调,计算机被置于“象牙塔”内,只有专业人员才能接触它,而且还必须把各种命令和数据转换成穿满小孔的纸带,现在看来,那时的计算机就是史前文物了。是乔布斯在汽车库里的“捣鼓”和比尔·盖茨在大学寝室里的“异想天开”,才让计算机进入千家万户,人们不需要专业知识就可以轻松地操作它。

现在,人们提到“苹果”会自然联想到乔布斯,提起“微软”会自然联想到比尔·盖茨。当你在电脑或移动设备上看到各种漂亮的英文字体时,你可知道,这是乔布斯发明的,因为他在大学期间“不务正业”,自学了美术字设计。

当你浏览网页时,你可曾知道,世界上第一台互联网服务器就是乔布斯推出的NeXT工作站。今天,每100个使用电脑的人中,就有91个人使用的是微软的Windows操作系统,有7个人使用的是苹果的Mac操作系统。

当今社会,人们吃的、喝的、玩的、乐的、看的、用的、行的,各行各业都离不开信息技术,这要归功于乔布斯和比尔·盖茨的发明创造。

2011年10月5日，乔布斯去世的消息传出后，世界各地的“果粉”们默默地走向苹果店献花，向这位推动了世界文明发展进程的天才人物表达哀悼和敬意，他所受到的世界人民的尊敬超过了绝大多数政治家和艺人。美国总统奥巴马亲笔为乔布斯的去世写下悼词，他写道：“乔布斯是美国历史上最伟大的创新者之一，他改变了我们的生活，重新定义了所有行业，并实现了人类历史上最罕见的壮举之一：他改变了我们每个人看这个世界的方式。”

美国之所以培养出众多乔布斯和比尔·盖茨式的发明家、创造者和商界领袖，这是与美国人对美国梦的追求分不开的。美国梦鼓励创新，鼓励尽情发挥自己的聪明才智，也就是美国作家托马斯·沃尔夫对美国梦解释的那样：“任何人，不管他出身如何，也不管他有什么样的社会地位，更不管他有何种得天独厚的机遇……他有权生存，有权工作，有权活出自我，有权依自身先天和后天条件成为自己想成为的人。”美国历史学家詹姆斯·特拉斯洛·亚当斯在《美国史诗》中写道：“美国梦就是让个人才能得到充分发展，实现自我。”

美国的制度也鼓励公民的创业精神，设法把优秀人才留在社会上。美国法律规定：公务员工资标准参照私营部门制定，必须与同一地区私营部门同等工作性质的职工工资标准一致，毫无折扣地体现同工同酬。所以，美国大学生就业意愿是公务员的只有3%，而在中国，这个比例是76.4%。

改革开放以来，我国也产生了不少企业家，但大多集中在房地产、矿业等传统行业，像苹果、微软这样的科技创新企业并不多。我在国内参观工厂时，有企业领导带着自豪的神情给我介绍说，生产流水线和各种设备都是进口的。每当我看到这些洋设备，听到这样的介绍，心情无比沉重。中国经济虽然发展很快，但基本上还属于粗放型经济，是靠能源、劳动力、资本等生产要素的密集投入和不计后果地排放污染来促进经济增长的，而不是向科学技术要生产力。

一些人习惯于吹嘘我们的五千年文明,吹嘘我们的四大发明,躺在祖先的功劳簿上睡大觉,夜郎自大,故步自封。汉朝发明了造纸术,可我们现在用的纸张不少是进口的或者是用进口造纸机造出来的;东周发明了指南针,可我们现在的很多导航定位还依赖外国;隋唐发明了火药,可我们现在还设法购买外国的先进武器;隋唐发明了印刷术,可你读到的这本书是进口印刷设备印出来的,中国上点档次的印刷企业所用的印刷设备,大都是德国或日本品牌。

欧盟一个调查称,58%的产自中国的商品被列为假冒危险商品,几乎涉及了所有的行业,欧盟甚至还为此花了7万欧元制作了宣传片,告诫商家和消费者某些"中国制造"会给人的健康带来严重危害。德国《莱茵邮报》2010年2月18日报道称,中国在法兰克福展览会上的参展产品获得"抄袭特等奖"、"抄袭一等奖"等5个抄袭大奖。

创新型企业家的成长需要一个大环境,政府出台的政策应激励年轻人在社会上创业,让他们开公司,让他们搞科研,让他们发明创造,而不是吸引年轻人去当公务员。一个人人争当公务员不愿留在社会上创业的国家,永远不会成为世界强国,因为庞大不代表强大,科学技术才是第一生产力,是一个国家强大的标志,而创新思想恰恰是科学技术发展的动力源泉。

法国哲学家让-保罗·萨特有句名言:"选择决定人生。"希望读者能从《世界商界领袖演讲精选》中受到启发和激励,重新规划自己的人生,释放自己的创造力,在尊严和快乐中活出精彩。

刘植荣

2014年4月8日

目 录

第 1 篇 发明创新

第 2 篇　艰苦创业

第 3 篇　企业经济

第 4 篇　人生责任

第1篇
发明创新

Steve Jobs

史蒂夫·乔布斯(Steve Jobs)

(1955—2011,美国苹果电脑公司创始人之一、首席执行官)

1982年6月26日,美国路易斯安那州新奥尔良

在1982年美国学术成就大会上的演讲

发明与创造

各位下午好。大家是不是在这里等候多时了?我今天下午刚赶到这里来,脑子里还都是爱荷华州的事情呢,但也没多少事情。他们告诉我说,在场的各位都是聪明绝顶的人,是这样吗?还有,我一会儿要见见埃里克,谁是埃里克?看到了,在那里,嗨,埃里克,你好吗?

苹果公司有3500名员工,我们制造电脑。我很高兴,今天有机会在这里与你们见面。他们还告诉我说,你们中的不少人在使用我们制造的电脑,非常感谢你们使用我们的产品。

我曾与一个叫拉尔夫的男孩聊过,他十一二岁的样子,他也用苹果电脑。我告诉拉尔夫,当我还是孩子的时候，我可没机会让苹果电脑伴随着我的成长。我第一次使用电脑时，操作起来复杂得很，必须编写程序，把很多程序卡片送进计算机中心，半个小时候才能得到计算结果，与现在的电脑相比，那时的电脑简直就是史前的文物了。可拉尔夫并不知道电脑的过去，这说明，对过去一无所知让青年成为真正的乐观主义派，他们把利用上一代人的成就看成是很自然的事情，对老一代并无感激之情。

如果让我对你们提点什么希望的话，那就是，当你们听到老一代人所说的类似“上帝保佑美国”之类的话时，不能安于现状，浑浑噩噩不思进取，你们要成为理想主义者，要对现实持批评态度，认为它并不完美，需要改进。这是因为，你们是世界公民，而世界最需要的就是你们的理想主义，就是你们的贡献。

我刚才听说，在座的各位有不少是白手起家的，所以，我今天演讲要格外小心，因为其他行业一些真正成功的人士并未达到场，也许是因为他们赚的钱还不够多，你们想认认真真地听他们的演讲。

在座的各位经常谈论的一个话题就是发明与创造。如果你们很聪明，你们想过这个问题没有：怎样才叫聪明？也许你们中的某些人想过这个问题，对吗？当你和一个愚钝的人在一起时，也许你就认为自己比他聪明，并思量着你们之间的差异。

我自己也考虑过这个问题，我认为，其中的一起差异是，从表面上看，似乎是掌握知识多少的差异，但其实是观察全局的能力。这就像在一个城市，你是站在一栋80层高的楼顶俯瞰城市，而别人是从巴掌大的地图上设法找到A地到B地的行走路线。因为你站得高，看得远，可以看到城市的全貌，对行走路线一览无余，可以轻而易举地指出A地到B地的行走路线。所以，聪明人常常为此感到内疚，因为这对他们来说易如反掌，简直就是小菜一碟，只说一声“嘿，这么走”。就这么稀松平常的一句话，就有人给他们颁奖，他们当然觉得滑稽可笑了。

问题的关键是，之所以把你指出的行走路线称作发明，是因为你摆脱别人的经验把两件事物联系在一起，否则，你所做的与别人一样，这就不叫发明了，也就没人给你颁奖了。

所以，你们要做的，就是获得与众不同的经历。那么，如何成为一个聪明人呢？有个很有趣的途径，你们知道，那就是读高中，然后是大学。我听说有一个孩子 14 岁就在上斯坦福大学了，这了不起。这就是不同寻常的道路。你们也许要去巴黎，用几年的时间成为诗人；也许要去第三世界国家。但是，我强烈建议你们要做的是，去看这样一些人，如那些正失去双手的麻风病人。很值得这样去做。看过他们，就会相信一见钟情。

你们知道华特·迪士尼为什么吃摇头丸吗？他吃过一次摇头丸，这就是《幻想曲》（译者注：1940 年迪士尼出品的世界第一部立体音响动画电影，该片获奥斯卡最佳音乐表现奖和最佳杰出贡献特别奖）灵感的来源。这是真的。你们可能听过所有这些人的故事，然而，最关键的还是，他们有丰富的经历，这样，就可以用独特的方式解决一个问题，或者走出一个困境。你们往往要花费很大的精力所做的一件事就是，走上一条非常有把握的道路，相信上帝、命运之类的事情，这很好，但不要认为这就万事大吉了，天天坐禅念经，给菩萨买午餐吃。

在我成长过程中，我不清楚自己怎么产生了一个莫名其妙的想法，那就是，自己看着世界上发生的一切却无能为力，无法改变它，只有适应它，找到自己的位置，设法让自己过最好的生活，才不管世界怎么样呢，因为有一些聪明人在管理着它。可你与这些人接触后就会发现，他们并不比你聪明多少，可他们每天都在制定政策，用这样那样的方式管理着世界。他们与你没有什么太大的不同，在某些领域，他们的判断力也许比你的强点儿，但从根本上讲，他们与你都是一样的人。所以，只要你认识到这一点，你就感到自己与他们一样，有改变世界的责任，要为这个世界做些什么，因为现在世界的情形很糟糕。

我想，我所认识的很多有创造性的人，不管他们从事哪个领域，其共性就是我们都吃别人为我们烹饪的食品，穿别人为我们裁缝的服装，说别人发明出来的语言，使用别人发明的数学工具，我们不断地向全社会索取。要知道，世界上最令人欣喜的事情是回报社会。我想，你们在这里听说的各个领域的创新者，以及你们没有听说过的那些人，他们也会有这样的感受。这是我曾经有过的最让我欣喜的事情，所以，我极力地把它介绍给大家。

因为我知道一个领域的秘密，估计明年美国学术成就大会不会邀请我来了，所以，我现在就把它和盘托出。当你们到了一定的年龄，如25岁，或30岁，你们就继承了人类的责任，为下一代保护好地球。你们每个人都有这种责任。我虽然不知道这具体意味着什么，但事实上就是这么回事。我认为，作为你们这一代人的保护神，我们在某一领域做得非常糟糕，某一领域也需要你们的帮助。还有，在你们的有生之年，地球会不会一直保持完整，目前还说不好，这让人感到忧心忡忡。我希望，某天我有了孩子，我会把他们培养成与我们一样的人。当我的孩子长大后，你们这一代人就成了管理地球的人，所以，也请你么关注这个问题，设法为它做些什么，因为我期盼着我的孩子长大后也能坐在这里，和你们一样听一伙滑稽可笑的人的演讲。

谢谢你们。

拉里·佩奇(Larry Page)

(美国谷歌公司创始人、产品总裁)

2009 年 5 月 2 日,美国密歇根州安娜堡

在密歇根大学毕业典礼上的演讲

追梦的故事

2009 届的同学们,你们不讨厌我吧?2009 届的同学们,首先,我希望大家都站起来,向支持你们完成学业的亲朋好友挥手欢呼。我相信,你们能找到他们,把你们的爱献给他们吧!

今天能站在这里,是我莫大的荣幸。

我先停一下。我知道,刚才说的是句客套话,在毕业典礼上演讲的所有人,都会说自己感到莫大的荣幸。但是,作为我来说,这句话是真诚的。能在这样的场合演讲,对我来说有你们很多人不知道的更特殊和更个人化的意义。下面,我就告诉你们为什么。

很久以前,那是 1962 年一个寒冷的 9 月份,就在这个校园里，有一个史蒂文合作教育项目。该项目有间厨房，学生志愿者在清洗厨房的天花板，这项活计大概每十年做一次。当时，一个叫格洛丽亚的女生爬向一个很高的梯子，费劲地清洗脏兮兮的天花板。下面的地板上站着一个叫卡尔的寄宿生，他很敬佩那个女生吃苦耐劳的精神，欣赏着眼前的这一幕。就这样，他们相识了，后来成为了我的父母。所以，你们也许会说，我就是密歇根大学厨房化学实验的结晶。

今天，我妈妈也来了。也许我们应该找找那间厨房，在天花板上镶上一块牌匾，上面写上"谢谢爸爸妈妈"。

我们家的人都是密歇根大学毕业的。我哥哥，我妈妈，我爸爸，他们都是这里毕业的。我爸爸在密歇根大学拿了三个半学位，但我认为他的学位水分太大，应该打个折扣。44 年前，爸爸获得的博士学位是关于通讯科学的，当时，他们认为计算机只不过是昙花一现而已。我爸爸妈妈一起为这个博士学位付出了很多心血。当我哥哥出生后，家里经济拮据，爸爸和妈妈常为花钱吵架。妈妈帮爸爸用手敲打论文，通讯科学的论文用老式打字机敲打，这似乎具有讽刺意味。我戴的这顶天鹅绒兜帽就是我爸爸毕业时戴的。大家看看我拿的这个毕业证书，和你们就要拿到的一样，这也是我爸爸的毕业证书。还有内衣内裤，哈哈，请别介意。

我爷爷在密歇根州弗林特的雪佛兰汽车制造厂工作，他是装配线上的一名工人。他把自己的两个孩子开车拉到安娜堡这里来，指着密歇根大学对他们说："你们将来就来这里上大学。"这话现在听起来很有趣，他的两个孩子后来都是从密歇根大学毕业的。这就是美国梦。我姑妈贝弗莉今天也与我们在一起。我爷爷常拿着艾利·奥普（译者注：Alley Oop，美国 1932 年创刊的同名连环画里的主人公）那样的大铁锤，就是一根铁管，一头浇筑了一个大铅疙瘩。当工人罢工时，就用它来自卫。我长大后，当我遇到树桩之类的东西，就用这把大铁锤把它敲入地下。现在，人们不需要再拿着这么笨重的家伙来保护自己了。然而，为了以防万一，我还是随身带着它。（佩奇展示他爷爷用过的那把大铁锤。)

我爸爸后来成了一名教授,就是密歇根大学的教授(佩奇压低声音说这句话),我是一个非常幸运的孩子。教授的生活很随意,他能花很多时间教育我。我想,大学老师孩子的成长环境真是得天独厚。

我想告诉大家的是,我来这里的意义,绝非仅仅是回家的感觉。我妈妈、我哥哥、我妻子露西都在场,站在这块见证我成长的神奇的土地上,我的自豪心情难以言表。密歇根大家庭就是我人生的一部分,此时此刻,密歇根大家庭的成员欢聚一堂,我也为你们感到兴奋,为你们的亲朋好友感到兴奋。

我还要告诉大家的是,我非常理解你们的心情,坐在那里听一个废话连篇的人作冗长的毕业典礼演讲的滋味可不好受,别着急,我的演讲很简短。

我要讲的是追梦的故事,或者更准确地说,是找到一条实现梦想的道路。

你们知道深夜被一个逼真的梦惊醒的感觉吗?如果你当时床头没有纸和笔,及时把梦记下来,第二天早晨这个梦就会被忘得一干二净。

在我 23 岁时,我就做过这样的一个梦。我从梦中醒来,想梦中的事情:如果我们能够把整个互联网内容下载下来,只保留链接,那又会怎样呢?我便拿起笔写了起来。有时梦中醒来很重要,不要把梦一直做下去。我花了半夜的时间,写出了一些细节,以让自己相信这会成功。不久,我就把这事告诉了我的指导老师特里·威诺格拉德,要下载整个互联网网页,需要花费几个星期的时间。他会意地点点头,当然知道几个星期远远不够,但他很有智慧,没直接告诉我。人们往往低估年轻人的乐观主义态度!令人惊奇的是,我那时还没有想过要做搜索引擎,我大脑里当时还没有这个观念。过了一段时间,我们找到了排列网页的更好的方法,由此设计出非常出色的搜索引擎。就这样,谷歌诞生了。所以说,当有了一个伟大的梦想,就要设法抓住它。

我在密歇根大学读书时,也学到了如何实现梦想。我知道,这听起来很有趣,但是,我确实在一个叫“领导力”的夏令营中学到了如何实现梦想。这个夏令营的宣传口号是“向不可能告别”。夏令营的一些项目激励着我追求一些疯狂的想法。我曾想在校园和公交车站之间建立快捷的个人交通系统。我听说,你们一些人现在仍在思考这个问题。这是将来解决交通难题的方式,我现在仍常常考虑交通问题。所以,你们永远不要放弃梦想,要像培养习惯一样去梦想。现在,很多事情很消耗人的精力,如做饭、打扫房间、开车等,这些事情将来无需人们花费太多的时间去做。所以,如果我们"向不可能告别",就能找到解决问题的方案。

我认为,那些野心很大的梦想更容易实现,我知道,你们会认为这听起来很不靠谱。要知道,由于很少有人去做这样疯狂的梦,这样,你们的竞争对手就很少。实际上,有如此疯狂梦想的人屈指可数,我甚至都知道这些人姓甚名谁。他们这些人就像负重狗(译者注:帮助旅行者驮行李的狗)一样,彼此像胶水一样黏在一起。

最优秀的人喜欢富有挑战性的工作。这就是谷歌。我们的使命就是安排全球的信息,让它们更有价值,让任何人能够获得这些信息。这样的工作怎么不令人兴奋呢?但是,开始我们差点放弃谷歌,因为我和我的合伙人谢尔盖·布林非常担心因此拿不到博士学位。你们不会有那种体验。如果你感觉自己是暴雨中在人行道上爬行的一条小虫,你大概就能理解了。当我们为了买硬盘把三张信用卡刷爆后,我们就是这种感觉。这是谷歌的第一批硬件。各位家长和朋友们:多办几张信用卡,总会派上用场的。如果让我用一句话总结我是如何改变世界的,那就是"只要辛勤耕耘,就会带来收获的喜悦"。

我在读博士的时候,想同时研究三个课题。我的指导老师说:"你为什么不先做段时间的互联网呢?"真是谢天谢地,他给我一些很重要的建议,因为人们越来越离不开互联网,尽管当时是1995年!技术,尤其是互联网能让你变得懒惰。懒惰?我的意思是说,三个人在一起编写软件,让一百万人使用这个软件。这三个人能接上百万个电话吗?如果能在世界上找到一个杠杆,你就真的变得懒惰起来。

总之,我知道,世界似乎正在崩溃,但是,只要你们让自己疯狂点,设法满足自己的好奇心,并努力实现自己的梦想,就能活出自己美好的时光。所以,不要放弃梦想,世界需要你们。

下面,我讲最后一个故事。

有一天,就像今天一样,你们会感到欣喜若狂,就像你刚从马戏团的魔术大炮里被射出来一样。永远不要忘记那种美妙的感觉,但同时也不要忘记与家人和朋友在一起度过的美好时光。我们的选择会让世界发生很大变化,但也会给所爱的人或多或少地带来些影响。命运给我们机会,但也会把机会收回,得失转化瞬息万变,我们是很难想象的。

1996 年 3 月下旬,在我刚到斯坦福大学研究生院不久,我爸爸呼吸困难,被送到了医院。两个月后,他去世了。我彻底崩溃了。尽管过去了很多年,此间我有人生的辉煌,也有恋爱的甜蜜,更克服了人生中无数的困难,但我还是会时常想起爸爸。

有一次,我和露西在一个很偏远的酷热的村庄里沿着乡村小路走着,村民们淳朴善良,热情好客,但这里却非常贫穷。人们在室内如厕,粪便径直流出,排到露天水沟里,然后流到河里。我们还看见一个小男孩,他是个瘸子,是小儿麻痹症造成的。以上是我和露西在印度某个农村见到的,那里是世界上少有的几个有小儿麻痹症的地区之一。

小儿麻痹症是通过排泄物进入口中传染的,通常是因为喝了脏水。我爸爸就曾患小儿麻痹症,是他一年级去田纳西州旅游时感染的。在医院治疗了两个月后,爸爸被 DC -3 军用飞机送回了家,这是爸爸第一次坐飞机。爸爸曾写道:“回家后,我不得不卧床休息一年多才能返校学习。”这是他五年级个人小传上的一句话。

爸爸生前一直呼吸困难,小儿麻痹症的并发症让爸爸过早地离开了我们。如果爸爸知道在有脊髓灰质炎疫苗(译者注:1948 年美国医生约翰·富兰克林·恩德斯领导的研究小组培育出脊髓灰质炎疫苗,并因此获得

1954年诺贝尔医学奖)的情况下还流传这种病,他一定会很愤怒。如果回到印度,由于我们在肮脏的露天水沟里走过,鞋子上沾染了脊髓灰质炎病毒,爸爸知道此事同样会很愤怒。我们在有可爱的孩子们玩耍的地方每走一步都会传播这种病毒。小儿麻痹症很快就要从地球上消失,目前只有328例患者。让我们尽快消灭这种疾病吧,也许你们中的某个人就能做到。

1956年,我爸爸在弗林特曼德维尔高中毕业,毕业典礼时,他代表90名毕业生作了告别演讲。我最近读过他的告别演讲,让我自叹不如。53年前,我爸爸在高中毕业典礼的告别演讲上说:

"我们迈进一个日新月异的世界,从自动化和就业变化看,教育是经济发展的基础。由于每周的工作时间在不断缩短,退休年龄也在持续下调,这样,我们就有更多的自由时间去做自己想做的事情,我们希望这一切都会梦想成真。我们将参与或见证科学、医药、工业等各个领域的发展,这些发展成就我们今天做梦也不会想到……有人说,任何一个民族的未来都取决于对年轻人的关心和教育,如果美国所有年轻人都像我们一样幸运,接受我们一样的教育,那么,美国的未来就会比今天更加灿烂辉煌。"

如果我爸爸健在,我想,最能让他高兴的事情,就是我和露西有了孩子;最让他生气的事情,就是我没有获得博士学位。不过,我还要感谢密歇根大学。我爸爸很有真知灼见,新生事物让他欢呼雀跃。时至今日,我还常想,爸爸会如何看待这些新的发展成就。如果他现在也在场的话,那今天一定是他一生中最美好的时刻,他会像糖果店里的孩子一样开心,让他又年轻了一回。

我们很多人如此幸运,全家人都能来参加毕业典礼,也有的会和亲朋好友一起回家。但是,我想,也有一些人像我和露西一样,梦想着自己未来的家。你们和我一样,是你们的家人把你们送到这里,又是你们把家人请到这里。请真诚地爱着你的家人,并记住:他们是你一生中最重要的。

谢谢妈妈,谢谢露西。谢谢大家,非常感谢。

托马斯·布恩·皮肯斯(Thomas Boone Pickens)

(BP 资本管理公司董事长)

2012 年 2 月 29 日,美国加利福尼亚州长滩

在 TED(技术、娱乐、设计)大会上的演讲

可替代能源的可替代选项

我相信,我相信全球气候在变暖,我在这个问题上的判断一向如此。但是,今天我演讲的主题是国家安全,他们必须停止向我们的敌人购买石油,我的意思是停止向石油输出国组织购买石油。

现在,我把大家带回到 100 年前的 1912 年。你们也许认为那是我的出生之年,其实不是,我出生在 1928 年。回到 1912 年,看看 100 年前我们国家所面临的问题是什么。当时所面临的问题和你们今天所面临的问题一样,就是能源问题,但是,燃料的种类不同,100 年前我们关注的是煤炭,当然,我们也关注鲸脂油和原油。那时,我们在寻找更洁净的燃料,更便宜的燃料,但这不是我们的想法，而是他们的想法。

所以，在1912年，我们选择了石油，而不是鲸脂油，我们也选择了煤炭。但是，当我们步入100年后的今天，我们面临一个新的决策点。什么是决策点？决策点就是我们将来使用什么燃料。我对此很清楚，我们要优先选择更洁净、更便宜的燃料，选择国内生产的燃料，选择我们自己的燃料。我们有自己的燃料，那就是天然气。

现在，世界每日消耗的石油为8900万桶左右，每年购买石油的费用就是3万亿美元，其中1万亿美元付给了石油输出国组织。这种局势不能再继续下去了。现在，看看我们为石油输出国组织所付出的代价，根据梅肯研究院（译者注：美国一独立经济智库，总部在加利福尼亚州桑塔莫尼卡市）的报告，那是7万亿美元，从1976年以来美国为石油输出国组织送去了7万亿美元，这包括军事和石油两项费用。毫无疑问，这是人类历史上从一个组织转移到另一个组织的最大的财富，而且这种财富转移仍在继续。

现在，我们可以看看财富转移到了什么地方去了。（展示幻灯片）你们看看这里，这个箭头从我们这里一直指向中东地区，正因为如此，我们自己成为"世界警察"，我们在维护世界的秩序。我们如何维持世界秩序？我知道这个问题的答案。我敢打赌，在座的各位知道世界上共有多少艘航空母舰的人不会超过10%，如果你知道世界上有多少艘航空母舰，请举手。一共12艘，其中一艘中国正在建造，其余的11艘都是美国的（译者注：皮肯斯这个数据有误，除了美国和中国外，英国、法国、俄罗斯、印度、巴西、阿根廷、意大利、西班牙等10个国家也拥有航空母舰）。

我们要航空母舰干什么？我们要垄断市场吗？我们比其他任何人都聪明吗？这我不能肯定。如果你看看这些航空母舰都部署在什么地方，在这张幻灯片上，红点表示美国航空母舰位置，有5艘在中东地区游弋，其他的在美国。我们部署在中东地区的5艘航空母舰是刚派过去的，在美国的6艘航空母舰是刚从中东地区回来的，所以说，我们的11艘航空母舰几乎都被中东地区占用了。为什么？为什么这些航空母舰要部署在中东地区？把这些航空母舰部署在那里，是为了控制航海通道，维护航线畅通，确保石油运输安全。美国每日消耗2000万桶石油，占世界日消耗石油总量的25%。可是，美国的人口只占世界人口的4%，这显然不成比例，这种状况不会持续多久。

既然如此，我们该怎么办呢？这种状况要继续下去吗？是的，会继续下去的。现在这张幻灯片是1990年到2040年的能源日需求情况，在这期间，我们每日的能源需求量要翻一番。如果大家看看我们用这些能源干什么了，其中的70%是用于交通。所以，有人会说："我们应该用更多的核能，用更多的风能，用更多的太阳能。"这很好，我支持任何来自美国的能源，美国自己的能源。但是，对那些依赖外国石油行业的任何政策，都必须首先解决交通的燃料选择问题。

我们现在每日消耗2000万桶石油，我们自己生产800万桶，进口1200万桶。在进口的这1200万桶石油中，有500万桶来自石油输出国组织。我们看看世界上石油消耗最多和第二多的国家，美国每日消耗石油2000万桶，中国每日消耗石油1000万桶。但中国的能源政策似乎比我们要好一点，或者至少说，他们有个计划，而我们没有计划。在美国历史上，我们从未提10年里，我们转移给石油输出国组织1万亿美元，如果往前看，在未来10年里，假定石油价格为每桶100美元，我们必须向石油输出国组织支付2.2万亿美元，这同样是不可持续的。

但是，廉价石油的日子一去不返了，这已成为过去。沙特阿拉伯人对我们说得很清楚，他们必须保证石油的价格不低于每桶94美元，才能履行他们政府对社会的承诺。上个星期，我在华盛顿的朋友告诉我，他说："沙特阿拉伯人生产石油的成本是每桶5美元，但这与石油价格毫不相干，他们让我们为石油支付多少，我们就必须支付多少。"对石油来说，根本就不存在自由市场，石油价格与利润无关，石油的定价权握在石油输出国组织手里。

那么,我们当下应该选择什么呢？我们应该选择天然气,我们想让天然气做什么,它就能做什么。天然气的辛烷值高达130(译者注:辛烷值表示燃料抗爆性指标,辛烷值越高抗爆性越好。中国就用辛烷值为汽油标号,97号汽油表示其辛烷值为97),比石油洁净25%。更重要的是,天然气是我们自己的,美国天然气储量丰富。天然气可直接使用,不需要精炼,从地下冒出来辛烷值就是130,我们让天然气通过分离器就可以使用了,使用起来相当简便,很容易实现。你们一直期望得到你们想要的答案,我一会就告诉你们。现在,你们可以看看这个表,天然气符合所有这些条件,它可以替代其他燃料,也可以被用作直接适用燃料。天然气可用来发电,可用在交通运输上,也可以用太阳能或风能发电的峰值燃料(译者注:由于太阳能和风能发电受气候影响很大,在其无法发电或发电功率低时,就需要用其他燃料发电来满足用电需求),天然气能满足所有这些需求。

我们的天然气够用吗？看看这张图左侧的图柱,这是24万亿立方英尺,这是美国一年的用量。接下来,我们看看美国能源署的估算数据,然后是工业估算的数据。工业知道在说什么,我们的天然气储量为4000万亿立方英尺,这些天然气可折合多少桶石油？这些天然气如果折合成石油,是沙特阿拉伯人声称石油储量的3倍。他们声称拥有2500亿桶的石油储量,但我不相信这个数据,我认为,他们的石油储量大概是1750亿桶。不管他们说的正确与否,我们拥有丰富的天然气资源是不争的事实。

所以,我着眼于我们在什么领域应用天然气,其中的一个领域就是重型卡车。我们有800万辆重型卡车,这些卡车有18个轮子,如果让这些卡车用天然气作燃料,就可以减少30%的碳排放,并可降低燃料成本,同时让我们的石油进口每日减少300万桶。这样,如果把这800万辆重型卡车都改成用天然气作燃料,我们就可以把从石油输出国组织进口的石油削减60%。要知道,美国有2.5亿辆汽车。

那么,你们要明白,天然气是一种桥梁式燃料,我是这么认为的。我这把年纪的人没必要担心这个桥梁会通向何处,这是你们要关心的问题。然而,如果考虑到我们的天然气储量,这倒是通向天然气的一座好桥梁,因为我们的天然气储量丰富。总之,正如我刚才所说,任何来自美国自己的燃料,我都支持。

现在我要告诉你们的是,我过去是现实主义者,我是从理论家很快转变成现实主义者的。现在我又回到了理论家。如果你们看看这个世界,包围每块大陆的海洋都有丰富的甲烷水合物。由此可见,甲烷将是你们的一个选项,因为我们拥有大量的甲烷,天然气就是甲烷,天然气和甲烷可以互相转换。但是,将来是否使用这些甲烷,这是你们的事情,与我无关,因为我那时已不在世了,这完全取决于你们。不过,我们确实有丰富的甲烷水合物。

现在,我认为我的观点已经很明确了,那就是我们一定要依靠美国自己的能源。现在我们每天消耗 10 亿美元的石油,然而,我们却没有一个能源计划。所以,我对现在华盛顿提出的一些能源说辞毫无兴趣,我关注的是 800 万辆 18 个轮子的重型卡车。如果我们能按我说的那样去做,我认为,这就是我们能源计划的第一步。假如这样做了,我们就会看到我们自己的能源比人们想象的更方便使用。

谢谢你们。

克里斯·安德森(译者注:TED 主持人):谢谢你精彩的演讲。那么,根据你的观点,你曾提出了个基于风能的“皮肯斯计划”,可你后来因经济原因基本上放弃了这个宏伟的计划。这究竟是怎么回事?

皮肯斯:这是因为我赔了 1.5 亿美元,我不得不放弃一些东西。但是,对我们来说,克里斯,那个风能发电的价格没有利润,而天然气有利润。还有,我进入风电行业时,天然气的价格是每千立方英尺 9 美元,而现在是 2 美元 40 美分(译者注:约合每立方米 8 美分)。如果天然气的价格低于每千立方英尺 6 美元,你就不能再搞风电了。

克里斯·安德森：所以，你是说水力压裂技术的广泛使用，探明的天然气储量激增，天然气价格暴跌，这样，就让风电失去竞争力。概括地讲，是这样吗？

皮肯斯：是这样的。我们发现，水力压裂技术可用于生油岩，也就是盆地石炭系页岩。这项技术首先应用于德克萨斯州的巴奈特页岩，接着是东北地区包括纽约州、宾夕法尼亚州、西弗吉尼亚州的马塞勒斯页岩，后来是路易斯安那州的海纳斯维尔页岩，页岩到处都是，我们被天然气包围了。

克里斯·安德森：现在，你是不是在开发页岩气上投资很大，并把开采出来的天然气投放市场了？

皮肯斯：是的，正如你所说，我在开发页岩气上投资很大。这是我的人生，因为1951年从学校毕业后，我就成为一名地质学家，毕生都在地质行业里打拼。现在，我确实在页岩气开发上投入了一些资本，但我并不算作是大的天然气生产商。有一天，有人说我是美国的第二大天然气生产商。我希望自己是，但事实并非如此，我只是拥有一定的股份。我也涉足燃料加注领域。

克里斯·安德森：但是，天然气是一种化石燃料，它在燃烧过程中会释放二氧化碳。那么，你相信全球气候变化的威胁吗？你为什么对此并不担心？（译者注：世界银行2012年11月19日发布的报告显示，如果世界不能采取有效行动应对气候变化，到本世纪末全球气温将上升4℃，并引发一系列灾难性的变化，包括极端热浪、粮食短缺等。德国和英国研究人员按现在的气候趋势推算，未来几千年气候变暖导致的冰雪消融会让海平面上升25米，这将淹没很多陆地。）

皮肯斯：可是，你必须要用一些燃料，你拿什么别的燃料来替代天然气呢？

克里斯·安德森：没有，确实没有。争论的焦点是让桥梁式燃料发挥作用，因为天然气每个能源单位排放的二氧化碳要比石油和煤炭少，是不是？因此，每个人都乐意看到用天然气替代石油和煤炭。如果是这样，人们就不会向可再生能源投资，那么，长期发展下去，我们就会在能源问题上遇到麻烦,是这样吗?

皮肯斯:我没有放弃自己的想法,但是,当吉姆(译者注:指吉姆·克莱姆,美国全国广播公司财经电视节目 *Mad Money* 主持人)离开时,我曾和他谈及此事,我说:“你认为天然气怎么样?”他回答说:“天然气是一种桥梁式燃料,仅此而已。”我继续问他:“通向哪里的桥梁?我们的发展目标是什么?”明白了吧?但我还是要告诉你,我不必对此担心,这是你们的事情。

克里斯·安德森:布恩,我认为并非如此。我认为,你是一个很在乎自己遗产的人,你赚够了你需要的钱,你是为数不多的能够影响能源争论的人士之一。你支持为减少碳排放付出代价的能源政策吗?这有意义吗?

皮肯斯:我不喜欢那个政策,因为它最终是由政府来运作这个项目。我告诉你,那个政策注定要失败。政府在这些事情上不能成功,它们不能成功,这是个坏政策。看看索林卓公司就明白了。(译者注:索林卓公司成立于2005年,位于美国加利福尼亚州,主要生产太阳能光伏电池板,曾是美国能源创新的样板公司,并得到美国能源部批准的5.28亿美元联邦贷款担保,该公司2011年9月宣布破产。)我的观点很明确,我已经说过不下十次了,那是一个坏政策,可他们执迷不悟,还是做了。结果是5亿美元打了水漂——我认为不止5亿,大概接近10亿美元。但是,克里斯,我认为,长期来说,我不反对我们重新选择核能。我可以告诉你,那份将用五年时间撰写的报告的最后一页会是什么内容:首先,不要在断层上建核电站;其次,不要在海洋里建核电站。现在,我认为核电站是安全的,要把核电站建在内地,要在稳定的地质结构上建核电站。发展核电没什么不对的地方,你们必须有能源,核电没什么问题,你们不能没有能源。就是这样。

克里斯·安德森:今天在场的听众提出的一个问题是,用水力压裂法开采天然气以及在天然气的处理过程中,如果泄露了甲烷该怎么办?甲烷的温室效应比二氧化碳还严重,这是不是一个应该值得关注的问题?

皮肯斯:水力鸭梨?什么是水力鸭梨?

克里斯·安德森:是水力压裂。

皮肯斯:我在逗你玩呢。

克里斯·安德森:你知道,我们在发音上不太一样。

皮肯斯:没什么。听我说,我已告诉大家我的年龄。在1951年我离开了学校,1953年,我在德克萨斯州的边界上,第一次从事水力压裂法开采页岩气。水力压裂法是1947年提出来的,我真不敢相信,我们的大总统先生竟然说是美国能源部在30年前发明了水力压裂法,我真不知道他在胡言乱语些什么。说真的,能源部从未从事过与水力压裂法有关的工作。水力压裂法第一次实际应用是1947年的事,我第一次参与水力压裂技术的应用是在1953年,我一生在3000多眼钻井使用水力压裂技术,从未发生破坏含水层或其他问题。现在,北美最大的含水层是从德克萨斯州的米德兰到南达科塔州的边界,贯穿8个州,这个巨大的含水层被称为"三叠纪奥加拉拉含水层"(译者注:三叠纪是2.5亿至2亿年前的一个地质时代,它位于二叠纪和侏罗纪之间,是中生代的第一个纪)。在俄克拉荷马州、德克萨斯州以及堪萨斯州的这一含水层上,有80万眼油气井使用了水力压裂法,这不存在任何问题。我不明白,为什么媒体对宾夕法尼亚州东部地区水力压裂技术的应用这么关注。

克里斯·安德森:这么说,你反对征收任何形式的碳税,或对碳排放定价交易。我猜想,你勾画的蓝图是,创新可以让世界最终彻底摆脱化石燃料,这意味着我们将来某一天会让太阳能与核能的成本具有竞争力吗?

皮肯斯:关于太阳能和风能,我与吉姆在那次电视节目里只认同了13秒的时间。事实上,它们在能源里的份额会越来越小,因为它们并不可靠。

克里斯·安德森:那么,这个世界又该如何放弃化石燃料呢?

皮肯斯:我们如何放弃化石燃料?我们有这么多的天然气,你说的所谓"我们不再使用化石燃料"根本不会实现,你们将一直使用天然气,它是目前最洁净的。你看看加利福尼亚州,他们有2500辆公共汽车以天然气为燃料;洛杉矶大都会运输局使用天然气汽车也有 25 年的历史了。德克萨斯州沃斯堡大众运输公司用天然气汽车也有 25 年的历史了。为什么?为了空气质量,他们放弃柴油,改用天然气。为什么今天加利福尼亚州南部的垃圾运输车都使用天然气?同样是为了空气质量。我理解你的意思,我不想与你争论。我们究竟如何在某一天放弃天然气?我要说,那是你们的事情。

克里斯 · 安德森:好吧,天然气是桥梁式燃料,但桥梁的那头究竟是什么燃料,这是留给在座的各位所要解决的问题。如果有人带着解决这一问题的技术找到你,尽管这个技术不能做到利润最大化,但能为未来地球的健康带来最大化,你会为他的技术投资吗?

皮肯斯:我在投资风电上已经损失了 1.5 亿美元,你是知道的。当然,我还会投资,我会再赌一把。因为,我再重复一遍,我一直在设法为美国解决能源问题,只要是来自美国的东西,我都会努力去尝试。

克里斯 · 安德森:布恩,对你大驾光临发表演讲,我表示衷心的感谢。我想,有很多人想与你交流,这是你给在座的各位的最真诚的礼物。非常感谢你。

比尔·盖茨(Bill Gates)

(美国微软公司董事长)

2008 年 2 月 19 日,美国加利福尼亚州帕洛阿尔托

在斯坦福大学的演讲

软件、创新、创业和回馈

谢谢大家。

非常高兴来到斯坦福大学。你们可能知道,微软公司首席执行官(译者注:指史蒂夫·鲍尔默)曾是斯坦福大学的研究生,但我鼓动他退学了,所以,他未能获得斯坦福大学的学位(译者注:指工商管理硕士学位)。尽管他得到了学士学位(译者注:指哈佛大学数学和经济学双学士学位),但我仍把他作为我的辍学伙伴。

我们公司有不少人是斯坦福大学毕业的,有负责研发的里克·雷施特,有克里斯·琼斯,斯坦福大学为我们输送了大量优秀的人才,所以,我们非常感激斯坦福大学。

今天我们谈的合作项目非常美好,这包括微软与斯坦福大学在软件领域的合作,也包括我的慈善基金会与斯坦福大学在全球健康领域的合作。

今天下午,我与一些教授和研究人员见了面,讨论了这些合作项目,并对如何开展合作交换了意见。这真令人兴奋,因为这些优秀的研究人员很看重我对技术的乐观态度,他们表示要寻找资源,为实现这些伟大目标而努力。

约翰(译者注:指斯坦福大学校长约翰·汉尼斯)提到了,我在今年年中就要从微软退休了,然后在我的慈善基金会做全职工作,在微软只是兼职,我内心对此也有点酸楚。从 17 岁开始,我就为微软全职工作,从那以后,我几乎每天都在工作。所以,我也不清楚改变工作后会是个什么样子,但我期待着这一天。我的一些朋友对我说,他们要帮我录制视频,好让我知道我最后在微软的日子是个什么样子,都发生了哪些变化。好的,现在我们就看看他们帮我录制的视频。(播放盖茨工作视频)

看到了吧,制作这个视频给我们带来了很大的乐趣,但我的角色过渡得非常好。在视频上,你们看到了雷·奥兹(译者注:微软首席软件构架师)和克雷格·蒙迪(译者注:微软首席战略分析师),他们从我手里接下了很多工作。然而,我仍要参与某些事务,因为我对此倾注了情感,这包括自然用户界面(译者注:无图形界面操作系统,用户可以用语音、手势、触摸操作电脑,无需键盘和鼠标),我要参与资源安排之类的事务,并负责最前沿的软件的开发。

现在,我谈谈未来几十年软件的发展。当然,大家可以回顾一下微软刚创建时的情景,那时,根本没人认为软件会是如此重要。那时还没有软件业,当时很小的软件内建在价格昂贵的计算机中央处理器上,那时的计算机是个很神秘的东西,只有政府和大型企业用它来管理他们的信息,而且打印出来的账单总是出错。人们要想法把附在账单上的打孔卡片装订在一起保存,如果你们从未听说过穿孔卡片,根本就无法搞明白这些讨厌的计算机是怎么回事。

所以,只有观念发生了真正的转变,才能意识到要让计算机成为个人用得起的东西，意识到它具有强大的潜能，意识到软件比硬件更重要，意识到围绕软件的巨大产业就要兴起。但所有这些梦想需要大胆的假设，那就是必须承认硬件价格必然会下跌，必须承认硬件的产量将大幅增长。只有具备了这样的条件，市场上才会有人投资数千万美元开发软件，才能把它用100美元或更便宜的价格卖出，这才是合乎逻辑的事情。

我们必须把这一观念灌输给别人，让他们创建软件公司，相信个人电脑会大量生产。实际上，今天的软件业已成为一个巨大的产业，软件业的各种解决方案和创造性产生了巨大影响力。

这确实改变了我们对计算的认识。今天，我们已认识到计算几乎影响到所有事情。十年前，我提出了第一个数字十年的开始。当时的互联网刚刚兴起，还没人用数码相机拍照片，也没有网上银行或网上安排旅行业务，也没有网上炒股。你看，十年后今天，这些都成了很平常的事情，尤其是在富裕国家。现在，如果有人还提到电话号码簿、光盘、唱片等，这似乎就成了老古董。我女儿甚至不知道唱片是什么东西。于是，我就找到一张唱片给她看，现在找张唱片可真不容易。很快，很多诸如电话号码簿和印刷的百科全书之类的东西就会成为古董。

所以，我们现在处于第二个数字十年的开始，我认为，第二个数字十年的变化会比第一个的变化更大，实际上，自从第一台个人电脑出现后的30年里，软件带来了翻天覆地的变化。产生巨变的一个原因，就是我们打好了强大的基础。现在世界上有超过10亿部电脑，数十亿人有机会使用电脑，数十亿人拥有手机，还有大约3亿人使用宽带上网，使用宽带上网的人数在急剧增加。

最近，中国的宽带用户超过了美国，这是互联网发展的一个非常有意义的里程碑。相信美国在宽带用户数量上不会赶上中国，因为中国有更多的人还未连接宽带。实际上，在所有与信息技术有关的市场中，只有个人电脑和软件美国的市场要比中国的大。所以，哪里有人才，哪里就有创新；哪里就有市场,哪里就有使用这些工具的不同方式。

我认为,互联网的最奇妙之处,就在于它让世界变得更小。个人电脑的发展,可以让你在一个地方创建文档,然后在另一能接受电子邮件的地方编辑文档,现在,几乎做任何事情都是电子版的,人们的观念发生了巨大变化。

任何一个领域都需要知识的积累。就拿教育来说,不少人认为,在过去几百年里教育没什么变化,如果有人对你说是1890年最好的数学老师,你可以说,大概如此,但你不能说是最好的物理老师,因为物理学增加了很多新知识,这些知识的建立需要人们之间的互相理解。在一些领域,观察那些表现出色的人,读懂他们的数学分析结果,弄明白那些技术原理,这是很难建立的学习循环。现在就不同了,我们可以把一切数字化,可以储存数字化的影像,可以看到考试成绩和相关的事情,老师可以互相看到对方在做什么,从其他人那里获得经验,了解他们的工作成效,您看,信息技术带来了多么巨大的变化。

教育可以分化出很多模式,例如,有多少大学的课程像物理学这样?很少,因为如果物理老师讲好课,就必须依赖互联网,免费使用互联网。毫无疑问,这是一种发展趋势。世界上的每个人,由于语言的关系,这就需要在互联网上获得帮助,一些志愿者就可以在互联网上提供这种帮助,那么,你就可以从互联网上获得各门大学课程的最好的老师。

我自己就在网上学习物理、化学等我想学的课程,我承认,我找的大多数是麻省理工学院的课程,但我很想看到更多斯坦福大学的课程。当我从网上学习大学课程时,我就有种优越感。

我的孩子们(译者注:盖茨夫妇生育有一女两子)总问我一些问题,有关于星星的,有关于各类动物的,我就在网上找答案,然后编成故事讲给他们听,俨然是个无所不知的父亲,这也激发起他们的好奇心。要是在过去,这是不可能的。

我们在各个活动领域的目标要定得高些,因为软件可以帮助我们达到更高的目标。今天,办公室里工作的人对信息如饥似渴:检索信息,理解顾客的趋势、品位、消费和态度,通过浏览各种信息弄明白这些在过去是如何变化的,弄明白顾客关注的主要指标,与外地的人合作。我们把这些人叫信息员,你们通过问他们花在会议上的时间价值,获得数据的难度,就知道他们还没有完全驾驭局势。

关于通讯方式,如果你在外地,我们不能见面,不能面对面地合作,就要打电话,要查找电话号码,等待对方的电话忙音,这实在是太过时了。我只需要发个电子邮件或者即时信息就把事情搞定,现在的通讯方式要比一二十年前好得多,而且通信技术日新月异,在不断发展。

当你制造汽车、飞机等有形产品时,如果是电脑设计,就可以与周围的人分享设计方案,让人模拟实验,可以同时做这些事情,这就大大缩短了产品设计周期。

所以,你们要认识到这一事实,世界上有很多受过良好教育的人,你可以与他们联系,软件为他们提供更好的工具,你们不但能一起工作,还能模拟并理解所设计的产品的特性,这样,就大大加速了发明创造的速度。你看,有了电脑和软件做基础,可以缩短发明创造的周期。

为什么我们对此如此有信心? 我的意思是,戈登·摩尔(译者注:英特尔公司创始人。他提出了摩尔定律,即集成电路上晶体管数量每18个月翻一番,价格不变)第一个提出晶体管数量大约每两年翻一番的定律,这是一个预言。我们认为,至少在未来10年内,晶体管的预言仍然正确。我们可以看到,储存器的容量也成指数增长,光纤宽带同样以指数增长。

如果我们要找发展瓶颈的话,我们只在几个产品上找到了瓶颈。微处理器就存在瓶颈,所以,我们最后必须采用并行计算机。这就是我从事计算机科学以来思考的一个主要问题之一,也许现在就要解决这个问题。其实,解决这个问题已迫在眉睫,微处理器的时钟频率似乎并不能以过去那样的增速提高。

现在缺的是确保可靠性和安全性的模块和程序,因为数字把整个社会联系在一起,财务、产品订单、个人媒体数据,所有这些东西都是数字化储存。所以,我们要理解软件工作的方式,要知道这个软件能不能保护个人隐私,能不能很好地管理信息。在计算机科学上,我们需要努力掌握一些重要的新技术。

我们所需要的很多东西,要求价格不要太高,如30—40美元之间的屏幕,你可以把它装在房间里的每堵墙上,投影出高分辨率的影像。照相机里装上软件,就可以辨认出你的姿势、谁在房间里、在干什么,这些东西将会很便宜。实际上,我们正进行重大改革,让所有这些设备互相配合。目前,电脑大多数是用键盘和鼠标操作,最早是键盘,鼠标后来者居上。鼠标是1964年道格拉斯·恩格尔巴特发明的,有了图形接口后,鼠标就标准化了。这就是我们互相配合的方式:你坐在一把椅子上,电脑就能知道只有一个人。

你们现在开始明白了,这种变化是从广泛的互动技术开始的,我称之为"自然用户界面",你们在Wii游戏机上看到的3D控制器就是这样的,你们在iPhone手机上用的触摸屏也是这样的。在微软的Surface平板电脑上,我们装的摄像头可以分辨任何动作和出现的任何物体,能知道你在做什么。你们也可以在微软的"圆桌会议"上看到自然用户界面,它知道谁在房间里,根据多角摄像头传送的视频决定谁发言。你们在手机上的TellMe软件上看到的也是自然用户界面,你无需用键盘,用语言就可操作手机,不管是查找电话号码簿,还是软件交互,它能辨认语音。

现在,我们有能力实现自然用户界面。

我对平板电脑很感兴趣,所以,我们一直在这方面投入,以吸引主流用户。你可以从屏幕上阅读,亮度很高,电池的续航时间很长,也很便宜,它实际上可以替代纸质教科书。

我女儿所在的学校就用平板电脑,他们也使用电磁笔。这个学校的学生们能熟练使用平板电脑,有了这个工具,他们就可以用不同的方式学习,这让人感到很惊奇。

关于平板电脑，需要改进的地方很多，例如，要设法让价格降下来，降到几百美元的价格上，还有屏幕的亮度和电池续航时间，但这些问题绝对能解决。平板电脑是非常重要的工具，它能颠覆学习用品的消费，即便在办公室，你也会备一台平板电脑，出差时带着它很轻便。

我们现在谈论电脑，不仅是台式电脑，也包括平板电脑，因为我们要知道你要往里放什么，让你扩展知识。你的办公桌就是水平面显示器，你的书写白板就是垂直平面显示器。所以，平板电脑可让人们用它来整理经营资料，展示计划，这些东西就在你眼皮底下，你可以用手触摸移动它们。你也可以与你一起工作的人召开视频会议，讨论问题，这是很平常的事情。如果平板电脑便宜了，人们就会使用它，我们也需要开发新一代软件，便于互动，并实现上述所有功能。

从用户参与的角度来说，例如电视，今天的电视是被动的，频道节目固定。将来的电视要发生变革，电视将很个性化，用户可以与电视节目源交互。目前，传统的有线电视和卫星电视提供商提供视频服务，互联网也提供视频服务；将来，所有视频服务提供商将整合在一起。这样，如果我孩子喜欢一个体育项目，正好有人用硬盘摄像机录下了这个体育项目的比赛，当返回到节目单时，这场比赛就会根据个人兴趣列在前面。所以，没有任何理由把电视和互联网分开。广告受众也应该锁定目标，广告节目也是交互的，就像看奥运会选择你喜欢的项目，或看总统大选时，查看选举的各种背景材料以及不同态度的选举人之间的冲突。尽管我们习惯了传统的电视，但是，视频革命就要爆发，这将是激动人心的革命。

今天，通过互联网看视频节目的人大概有数百万，这些节目很个性化，所以，网络视频是基础建设，已经展开。很快，就会有数千万人、数亿人通过网络获取视频资源，内容数据库通过机顶盒（译者注：依托电视终端提供电视和互联网综合信息业务的设备）识别用户的需求，要什么样的视频游戏，根本就没有分界线,这些是一个完整的内容系统。

所以,在电视上可以做很多事情,可以与你远在天边的朋友一起看电视,轻松地聊天,寻找各种节目,过去的一些视频游戏,将来都可以在电视上实现,我认为,这会受到普遍欢迎。

一些事情,如培养孩子的记忆力,检查孩子的家庭作业,与孩子交换照片等,可以记录一个人的成长的轨迹,如果能用不同的方式回顾自己的过去,这会更有趣,所有这些可以在无意识中发生。

今天,我们还很依赖个人终端技术,例如,用户基本上是在手机之间、手机与个人电脑之间、个人电脑之间传递信息。如果我们共用这些无限的资源,包括计算和储存,以及自动传递数据的能力。这样,当你购买一部新手机时,就能通过它立即看自己过去储存的信息;如果你借别人的个人电脑,你也可以立即调用你的数据。这项"云计算"很快就会普及开来。

所以,人们需要在多环境因素下工作,如在很多噪音的汽车里,在空间很大的起居室里,你可以在10英尺的范围内用身体姿势或遥控器操作这些设备,甚至用你的手机就可以操作。将来,这些都会实现。

在软件开发上,我们同样需要革命,我们要用更高的标准开发软件。但在过去30年里,软件开发模式并没有什么变化。我们现在仍然用表达代码写软件,这就好像我们在两个库房里找东西,而这两个库房有90%的东西是相同的,这就会让你写上数百万行的代码。如果你用另一种语言,如英语,来描述产品,你只能找到40页不同的代码。

你们会说,这种信息爆炸会很昂贵、很脆弱,也很难证明它是正确的。这是对总体设想的误解。我们并没有改变总体设想,我们只是获得计算能力,这样,就可以提供适合你兴趣的运行环境,就像在商业领域的很多软件一样。我们能够实现突破性的变革。

基于上述理由,我认为,一个公司最好的投资就是科研队伍,要让科研人员通过互联网与各所大学连接在一起,这也是微软一直期待着做的事情。

大约15年前,我们很成功,我们沿着研发道路一直走下去。内森·麦沃尔德(译者注:微软首席技术官)、里克·雷施特等人也加盟微软,开发的一些软件很受欢迎。这样做不仅是因为研发本身的工作,也是因为它让我们理解了一些闪光的思想,如在斯坦福大学,这让我们受益匪浅。

正因为如此,我们开发的软件一个比一个好。我们所开发的软件,如平板电脑上的笔记识别软件以及所有其他影像识别软件等主流产品,极大地发展了计算机识别系统。这项突破性的成就让我们相信,研发永无止境,任何产品都没有最好,只有更好。我们之所以对此持乐观态度,是因为微软的研发队伍里有一批伟大的人物,他们在领导着科技潮流。我们每年花在研发上的经费为60多亿美元。正是因为这种长期坚持不懈的研发,我们从图形技术到量子计算,再到自然用户界面,这很好地诠释了将来会是什么样子。

现在,我们已经把这种创新活力推广到世界各地。当有人对我说:嘿,你想在某地建个研发中心吗?我时常这样回答:好呀,如果你有10亿人口,我们就在那里建研发中心,因为我们已经在中国建了一个研发中心,在印度建了一个研发中心,在美国建了一个研发中心。现在,我们在美国已经建了三个研发中心,显而易见,我打破了自己定的必须有10亿人口的准则。其实,很难把这个准则说清楚,但有一点是肯定的,那就是那里必须有一流的大学。

科研伴随着风险,但我也惊奇地发现,商业资助的科研少得可怜。即使在美国,像贝尔实验室和施乐帕克(译者注:美国重要的研发机构,成果有:个人电脑、激光打印机、鼠标、以太网、图形用户界面、图标、下拉式菜单、所见即所得文本编辑器、语音压缩技术等)那样,他们所做的基础研究让微软受益匪浅,个人电脑的飞速发展就是基于他们的研究。不幸的是,那些研究机构并不具有市场优势,他们对研发的管理理念成为负面例子,让一些公司不愿在研发上投入。我认为,你们现在看到的很多公司,如通用电器公司,已经转变了观念,认为对研发投入很重要。但这确实是一项挑战,研发工作和取得的突破性成就能改变世界。

现在,如果我们笼统地讨论科学,计算机软件扮演着一个重要的角色。在过去,如果有人问你什么是科学语言,你会回答“数学”,掌握数学里的某些特殊知识对学习物理学、化学、生物学非常重要,可以帮助你表述个人的观点,写下公式,进行预测。

今天,各个学科的数据都非常庞大,计算机软件以及由计算机软件衍生出来的数据库和模式匹配对科学研究非常重要,尤其是在生物学领域,在天文学上也是如此,因为这些学科要处理大量的数据,要运用密度泛函理论研制新产品,这可不仅仅是天文望远镜,在午夜观测星空,寻找很酷的东西,然后记录下来,就能获得诺贝尔奖,而是要对大量的数据进行深入细致的分析研究。

所以,对于科学来说,我们是助手,我们一定要密切联系科学,与科学家们合作,从科学家那里弄明白他们如何编制基因数据,如何得到基因,如何弄清基因内部构造。要想尽最大努力与科学家合作,就必须从纯计算机科学领域走出来,因为一流大学跨学科深入研究领域有很多难题亟待解决,要积极地参与其中。实际上,今天下午我在与斯坦福大学的教研人员讨论时,很高兴地得知斯坦福大学打破院系界限进行合作,尤其是在计算机科学领域。

我相信,我们都对一个领域感兴趣,那就是研究我们的大脑,在这方面有很多重要的研究项目。我们也与从事此研究的一位科学家合作,并向他提供了软件,他就是哈佛大学的科学家杰夫·利希曼。下面,我们看一段视频,看看他是如何工作的,然后再解释软件是如何帮助他工作的。(播放视频)

我这里有一部硬盘播放器,你们可以通过这个视频得到一些认识。

现在,利用正确的计算程序,我们可以处理大量的图像数据,我们在这方面做得很出色,可以帮助你扫描输入图像或输出,甚至可以利用大量的认知程序来认识图像。在这里,我们真正需要的就是大脑内部神经元连接数据库,这样就可以弄明白连接起来的是什么。

如果我们看看这里,这是分层图,我们可以进入分层内部,随时观察每一层,设法弄明白我们在观察时都发生了什么。虽然有大量的数据,但处理起来很快。接着,这里是我们利用计算程序弄清这些图案是什么,然后绘制下来添加到那些结构中。

显而易见,这只是软件具有解决类似问题能力的开始,软件可以制作模型,并弄明白信息的含义,让软件解决这类问题的能力一直发展到最高水平,这将花费很多时间。这就是专门软件的能力。

许多学生心怀各种突破性的想法,这对计算机和科学领域来说是件大好事。约翰刚才提到,斯坦福大学的不少校友创建了很有名望的公司,在其他方面也成就斐然。可见,积极接受新生事物对年轻人来说尤为重要。

我们今天宣布了一个新项目,就是赠送给学生相同的工具软件,如 Visual Studio(译者注:Windows 平台应用程序开发环境)或 Expression(译者注:针对设计师的套件,可以与 Visual Studio 无缝地协同工作),软件开发专业人员可免费使用这些软件,其目的就是推广这些软件。不仅计算机科学专业的学生可以免费使用这两款软件,其他专业、甚至低年级学生也可免费使用。能使用这些非常好的软件是一个良好的开端,使用这些软件的人有的是为了开办自己的公司,也有一些人只是为了在将来从事的行业里表现得更好些。

学生们的兴趣很高,我们每年举办一次竞赛,竞赛的名字叫“想象杯”。去年,大约有 10 万名学生参与了“想象杯”竞赛。今年大概是 15 万名学生,美国的报名人数排第三,巴西和印度的报名的人位居前两名。美国报名的学生有 15000 人,也算阵容庞大。参赛学生的能力非同凡响。实际上,对赢得竞赛的人,我们会给他们一份工作,这些竞赛的佼佼者不管做什么,都表现很出色。

我们发现,你们的教育水平决定着你们的机会。你们在哪里长大并不重要,重要的是能使用这些软件,如果很幸运有使用这些软件的机会,不管你们做什么,都会把自己的能力放大数倍。

现在,我就讲最后一个话题,问题是这样的:我们具备所有这些天赋,把这些天赋用在哪里效益最高呢?用在全球20亿富人身上?用在20亿中产阶级身上?还是用在20亿穷人身上?

实际上,直至今日,我们的情形是,尽管改进的医药、食品和电力给大多数人带来效益,但对最需要这些东西的人来说效益最大,给20亿穷人带来的边际效益要比给20亿富人和20亿中产阶级带来的边际效益大,对穷人来说,几百美元就意味着一个孩子的生命。

现在,每年都有1200万儿童死亡,而富国死亡的儿童还占不到其中的1%,然而,如果你考察一下医药研究项目就会发现,90%都是为富国服务的。

所以,这就存在一个极大的不平等问题。大家想一想,我们花在治疗秃顶和疟疾上的钱都是多少?治疗秃顶的钱是治疗疟疾的50倍!可疟疾每年要夺走一百多万人的生命。

当我发现这些统计数据时,我被惊呆了。从哈佛退学十几年后,我看到了一篇关于轮状病毒的文章,这种病毒每年夺走50万儿童的生命。我当时想,轮状病毒真是个恶魔,我再也不想听到这个词了,这篇文章一定不真实。你不能让一种病毒每年杀死50万儿童而没办法。我查看了一下治疗方法,竟然没有任何药物可以治疗这种疾病。实际上,有一种疫苗可以预防这种病,但这唯一的疫苗已经退出市场,因其主要目标市场是穷国而停止了这种疫苗的生产。

所以,这种不平等就像我们的系统那样大,如果没有任何市场需求,就不会激励人们去为最穷的国家发明药物。

然而,我认为这个问题可以得到解决。事实上,人们对此越来越关注,很多人在公司和大学里为此进行研究,用市场激励机制之外的方式解决这个问题,并产生了一定的影响。

我们在印度的研究团队就有个小组,该小组有不少社会学家,他们到最穷的地方考察,并与那里的穷人交谈,这就了解了那个地区的情况:没有电,文盲率高，给他们个人电脑就没什么用处。所以，我不会关注他们的个人电脑拥有率是不是达到了10%，我所关注的是与之截然不同的另外一个问题。

他们找到了问题的答案，那就是手机和DVD播放机。他们带领农业推广人员去帮助农民，告诉他们该做什么。他们就带着一台电视和一台DVD播放机，给做农活好的农民录像。这让我想起《美国偶像》（译者注：2002年推出的真人秀电视节目），要不是这是“农民偶像”？一些人还真说不定要参加海选参与这个电视真人秀节目呢。运用这种技术对提高那些农民的生产力很有效，这要比只派出一个人的效果好两倍，也无需对这些人进行专门培训。所以，诸如DVD播放机之类的技术，如果安排得当，把它带到农村也能收到意想不到的效果。

所以，不管对哪个等级，底层的20亿人，或中间的20亿人，我们都要考虑何种技术最有效。关于疫苗，这些东西必须冷藏，如果把它们带到农村，这确实是件不容易的事情。

我用了不少时间走访大学和公司，鼓励人们开办微营养素食品公司，购买食物帮助世界上最贫穷的农民，医药公司也可以在这方面有所作为。

我相信，大学在这方面能扮演重要角色。大学要让学生毕业时获得某种认识，不但要学习有关知识，还应亲自体验，体验世界上中等收入国家的生活状况，看看那里的生活与世界上最富有的国家之一的美国的生活有何不同。

所以，我们要投身于这项工作。这不需要一场革命，只需要你的关注和参与，需要某种价值体系并宣传它，需要对项目的评估，做得好坏都要评估，做到这些就能很快让旧貌换新颜。

总之，我希望你们能被我的乐观主义精神所感染，在将来，宽广的技术和专业软件将成为一个成功的因素。我想，在大学几年里能获得这些技能，这是很有价值的校园生活，我期待着你们能干出一番事业。

谢谢大家。

埃文·威廉姆斯(Evan Williams)

(美国推特公司创始人之一、首席执行官)

2009 年 2 月 6 日,美国加利福尼亚州长滩

在 TED(技术、娱乐、设计)大会上的演讲

微博的价值

四年前,也是在 TED 的讲台上,我宣布新建的一个公司开始运营,公司的名字是 Odeo。我发表该声明后,《纽约时报》对此进行了大幅报道,并引起更多媒体的报道和关注。我决定出任首席执行官,而在这之前我只是一名顾问,我们获得了风险投资,并招募了一些人员。

我们招募的人中有个叫杰克·多尔西的工程师。一年后,当我们研究 Odeo 的发展方向时,杰克提出一个他思考了多年的想法,那就是把自己当前的情况简要地发给朋友。当时,我们也正在探索在 Odeo 上开发短信服务,于是,我们就决定把这两项服务捆绑在一起。

在2006年初，我们把推特（译者注：Twitter，汉语译为微博）作为Odeo的一个附带产品推出。现在看来，很难判断公司初创时期是否应专注于开发自己的主要产品，而此时就搞附带产品是不是一个好主意。然而，我之前开办的一家公司也推出了附带产品——博客（Blogger），所以，我认为研发推特之类的产品只是小事一桩。结果是，在接下来的五六年里，这个产品不但成了公司的中心，也成了我的主要工作。我从这件事学会了作决策要相信直觉，尽管你不能判断它是否正确，也不能预测它会发展成什么样子。随后，这样的事情一次又一次地发生在推特身上。

目前，一些人还不熟悉推特。其实，推特的构建非常简单，就是发布一些日常小事，用不超过140个字把你正在做的事情告诉别人。那些对你感兴趣的人会及时收到这些消息。如果他们对你非常关注，也可在手机上用短信接受这些消息。例如，我现在就可以把我在TED演讲的消息推特出去，我只要点击“发送”，几秒钟内6万人就可以收到这个消息。所以说，推特的基本概念就是让人们分享你生活中的点点滴滴，不管是重大事件，还是平凡小事。由于推特能让人分享正在发生的事情，它让人们感到联系更加密切，有天涯若比邻的感觉。这就是我们开始对推特功能的定位，我们对此很感兴趣。

出乎意料的是，推特衍生出很多其他用途，其中一个非常重要的用途是，它可以现场报道一些事件。例如，2007年10月圣地亚哥发生自然大火时（译者注：2007年10月21日美国加利福尼亚州橙县圣地亚哥峡谷发生大火，这是美国历史上过火面积最大、燃烧时间最长的一次火灾），人们主要靠推特向外报告火灾消息，并通过邻居发布的信息知道外面的人们为灭火在做哪些工作。但是，推特绝非限于个人用户，《洛杉矶时报》也靠推特发布火灾信息，并把推特的新闻订阅放在网站的首页。洛杉矶消防局和红十字会也用推特发布最新消息。在这次大火事件中，许多人用推特发布信息，世界上成千上万的人关注着火情进展情况，他们想知道火灾现场究竟是个什么样子,这里在发生了什么事情。

推特上有很多有趣的事情,如商业活动、市场动态以及各种交流。通过推特,可以提前知道一些事情,诸如火爆的韩国烤玉米面春卷车在围绕洛杉矶售卖,某一街区的推特用户停下来排成长队购买春卷等等。最近,政治家们也开始使用推特,目前,有47名国会议员有推特账号。有时,他们边和总统开闭门会议,边用推特向外发消息,出现这种情况,显然是这些家伙们对讨论的话题不感兴趣。奥巴马总统也是我们最受欢迎的推特用户,不过他最近好像总“潜水”。不过,麦凯恩参议员却越来越频繁地在推特上露面,这个人也是(译者注:指投影上的TED总监克里斯·安德森)。

我们设计推特的初衷是把它做成一个广播媒介。你发布一条消息,这套消息就会被所有人看到,同时,你也可以收到你感兴趣的消息。推特用户推动了推特的变革,使用户可以针对自己感兴趣的人或主题进行回复。比如,沙奎尔·奥尼尔(译者注:美国著名职业篮球运动员)就可以用“@用户名”的句法回复他的某个球迷。这个方法完全是用户自己创造出来的。我们开始没有把这一句法设计进系统,最近,这一用法很普遍,我们便考虑把它整合到系统内,使之更便于使用。

以上只是用户帮助改造推特系统的一个例子。另外,我们还提供了一些API(译者注:应用程序编程接口),让程序员编写的软件与推特对接交互。就我们所知,现在大约有2000个软件可以发布推特信息。例如,Mac系统、Windows系统、iPhone手机、黑莓手机等,甚至还有一种设备,可以让胎儿在娘胎中蹬腿时发出推特消息,或者让植物需要浇水时发出推特信息。

也许,更重要的是出现了第三方公司。在弗吉尼亚州就有个叫Summize的小公司,他们设计出了微博搜索引擎。他们认为,由于世界上数以百万计的人在使用微博,谈论他们正在做什么,他们周围在发生什么,这就为你提供了海量的信息资源,你可以搜索到针对某一主题的看法,或者人们对某一正在发生的事情的反应。这彻底改变了我们对推特的理解。这里是一些人对 TED 的评论(译者注:威廉姆斯在投影上展示推特用户对 TED 的评论),这也让我们的思想发生了改变,现在的推特远不是我们开始设计的那个样子了。所以,我很喜欢微博搜索引擎。实际上,我们已经把这家公司买了下来,把微博搜索引擎整合到推特里了。

这样,它不但让你对推特有了不同的看法,也为你提供了推特的新的使用方法。我对其中的一个方法很欣赏,那是几个月前的事了,当时亚特兰大汽油短缺,一些推特用户就想出个好主意,一旦发现哪里有汽油,就在推特上发布消息,告诉大家加油站的地址、汽油的价格,然后附上关键词"#atlgas#",以便让其他推特用户搜索到这个信息,到有油的地方去加油。

我们最初设计推特时,根本就没考虑到让人们利用推特这种通信网络互相帮助这种趋势,起初只想方便家人和朋友之间保持联系。利用推特互相帮助越来越时髦,例如,为无家可归的人捐款,为非洲找水提供赞助,为遇到困境的家庭提供救济。有几个场合,人们在推特上几天就募集到数万美元。所以,如果你给人们更便利的交流信息的方式,很多有益的事情就会随之发生。我无法预测推特的未来,但我相信直觉,永远不会限制它的发展方向。

谢谢大家。

安德鲁·麦克菲(Andrew McAfee)

(麻省理工学院斯隆学院数字商业中心副主任)

2012 年 6 月 22 日,美国马萨诸塞州波士顿

在 TED(技术、娱乐、设计)大会上的演讲

机器人会抢我们的饭碗吗

事实证明,当千百万人失业或没有稳定的工作时,人们就开始关注科学技术对劳动力的影响。我看了这些报道后,认为讨论的主题非常正确,但是,讨论的内容却完全没有抓住重点。讨论的主题也就是问题是:数字技术会不会影响到人的谋生能力?或者用稍微不同的方式换句话说:机器人会抢我们的饭碗吗?有证据显示,机器人确实抢了我们的饭碗。

“大萧条”(译者注:发生在 1929 年至 1933 年的人类有史以来最严重的全球性经济危机)结束时,美国国内生产总值开始重新缓慢、稳定增长,其他经济指标也开始迅速健康反弹。当时的企业利润很高，实际上，如果把银行利润也计算进去，当时的企业利润处于美国有史以来的最高水平。企业在机械、设备和硬件及软件方面的投资，也达到了美国历史最高水平。当时企业花了很多钱，但是，这些企业却未能增加雇佣人数。(幻灯片展示图)这条红线就是就业人口比率，换句话说，就是美国达到劳动年龄的人的就业人数占达到劳动年龄的人口数的百分比。这一比例在“大萧条”期间显著下降，“大萧条”后并没有回升的迹象。

这一现象并不限于萧条时期。21世纪第一个年代就业增长相当缓慢，甚至远远不及过去一些年代的就业增长强劲。在21世纪第一个年代里，2009年的就业人数少于2000年的就业人数，一个年代末的就业人数少于这个年代初的就业人数，这是有记录以来的第一次。当然，这是大家都不愿意看到的现象。如果用图来对比美国潜在就业人数与就业岗位数之间的差距，你们就会发现，两者之间的差距随着时间的推移越来越大。当然，在“大萧条”期间，这种差距非常大。我曾用简便的方法进行了一些计算，计算出过去20年国内生产总值的增长和劳动人口的增长，然后依据这些数据简单计算出要想保持经济增长，需要多少个工作岗位，也就是这条线。是好是坏？这条线是政府对劳动人口的预测。从图中可见，如果政府的预测精准，未来就业人口与劳动人口之间的差距根本就无法弥合。

现在的问题是，我认为这些预测并不精准，尤其是在我的预测过于乐观的情况下。这是因为，我假定未来的劳动力增长速度与过去的相同，而我认为事实上并非如此，因为我们在观察时，忽略了科学技术对劳动力的影响。在过去几年里，我们见证了数字技术展现给人类前所未有的技能，这些技能对人类生活产生了深远的影响。下面，我就给大家举几个例子。

在过去，如果你需要把一些文字从一种语言翻译成另外一种语言，你必须借助翻译人员。而现在，我们可以借助包括手机在内的多语言自动即时翻译设备获得免费翻译。我们在使用这些即时翻译设备时，我们知道它们并不尽善尽美，但总的说来还过得去。

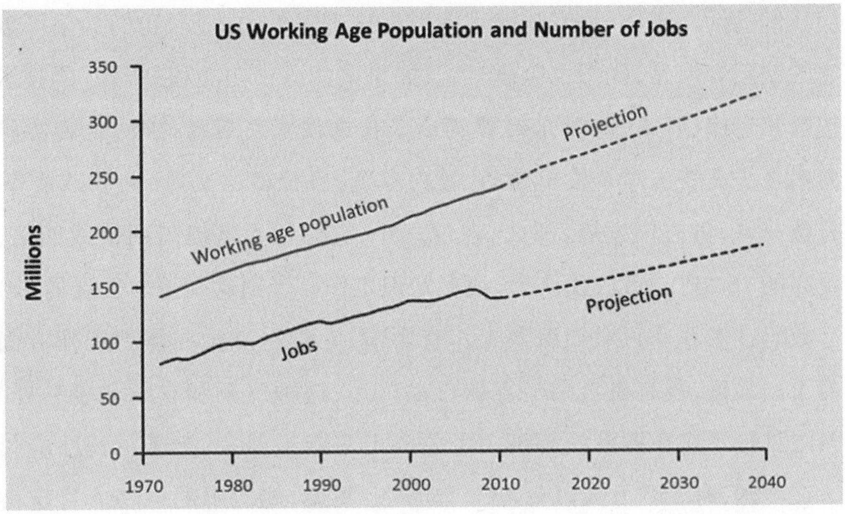

在过去，如果你需要写点什么，例如一个报告或一篇文章，你也必须找个写作人员。现在就不需要了，不久前福布斯在线刊登了一篇关于苹果公司收益分析的文章，这篇文章就是由算法程序自动撰写的，它不但说得过去，而且非常完美。

很多人看到这一切，说："那么，这些只不过是特定的、针对性强的工作，而且很多知识工人都是通才，他们拥有丰富的经验和知识，可以随时随地地应对各种预想不到的需求，这对机器来说就很难做到。"

在我最近的印象里，有一个令人敬佩的知识工人，他叫肯恩·詹尼斯，他在《危险境地》知识抢答竞赛中连续 74 次获胜，赢得了 300 万美元的奖金。幻灯片上的右侧就是肯恩，他被 IBM 超级计算"沃森"以三比一击败。（译者注："沃森"是 IBM 公司开发的能够使用自然语言来回答问题的人工智能系统。2011 年，"沃森"参加综艺节目《危险境地》，与该节目的前获胜者布拉德·鲁特和肯恩·詹尼斯对决，"沃森"最后获胜，赢得了 100 万美元的奖金。）所以，当我们考虑技术可以为通才工人做些什么的时候，我开始在想，关于通才也许没有什么很特别的，尤其是我们开始做诸如把苹果手机上的语音功能与"沃森"结合起来，这样，我们就可以让设备听懂我们的话，并回应我们的话。现在,语音功能远远没有达到完美的地步,我们甚至可以嘲笑它的缺陷。但是,我们也应该牢记,如果诸如语音功能和“沃森”的技术能够按摩尔定律(译者注:摩尔定律揭示了信息技术发展的速度,是由英特尔创始人之一戈登·摩尔提出来的,其内容是:当价格不变时,电脑性能每18个月翻一番)的方向发展,那么,在过六年,它们就不是提高两倍或四倍,而是现在的16倍。所以,我认为,很多知识工作会受到这些技术发展的影响。

数码技术并非只对知识型工作有影响,它们也开始在体力工作方面大显身手。最近,我有机会乘坐谷歌自动汽车,这种汽车和它的名字一样酷。我亲眼见证了它在拥挤的美国101公路上不断地停车、起步、行驶,应付自如。在美国,有350万人以驾驶卡车为生,我想,他们中的一些人肯定会受到这种自动驾驶技术的影响。

现在,人形机器人还处于非常原始的阶段,它们还做不了多少事情,但它们的性能提高很快。美国国防部高级研究计划局正在加速开发人形机器人的功能。

简而言之,机器人正在和我们争夺工作岗位。就眼前来看,我们可以通过鼓励创业和投资基础建设来创造工作岗位,因为今天的机器人尚不具备修建桥梁的能力。但是,在不太远的将来,我认为,今天会场上的多数人会在自己的有生之年,进入一个生产力高度发达而不需要很多劳动力的年代。如何应对这种转变,是我们人类社会所面临的最大的挑战。伏尔泰(译者注:1694—1778,十八世纪法国启蒙思想家、文学家、哲学家,被誉为“法兰西思想之王”)总结了为什么会这样,他说:“工作撵跑三个魔鬼:无聊、堕落和贫穷。”

尽管人类会面临如此巨大的挑战,但从我个人角度而言,我仍对数字技术持乐观态度,我坚信,我们现在发展的数字技术会把我们带入一个理想的世界,而不是一个悲惨的世界。为什么要这么说?我在这里提出一个宽泛得似乎荒唐的问题,我的问题是:在人类历史上,最重要的发展是什么?

现在,我想和大家一起分享我得到的这个问题的答案。这是一个很奇妙的问题,因为它引出了无休止的辩论。一些人认为这个答案应该是改变了世界上许多人观念的东西方哲学体系。而另一些人会说:“不是这样,实际上,人类历史上的重要事件和伟大发展,是世界主要宗教的建立,宗教改变了人类文明,并改变和影响了无数人的生活方式。”还有人会说:“实际上,改变和促进文明以及改变人们生活方式的是帝国,所以说,人类社会的伟大发展史就是征服和战争的历史。”这时,一些生性欢快的人会跳出来说:“嗨,别忘了,还有瘟疫。”对这个问题的答案,也不乏乐观主义者,有人会提出打开了世界大门的是探索时代。也有人认为,诸如数学之类的知识教育让我们更好地把握世界。还有人会谈到科学和艺术繁荣时代。总之,这场辩论会一直进行下去,这个永无休止的辩论不会有结论,也并非只有一个答案。但是,如果你像我一样是个不落俗套的人,你会说:“那么,数据会怎么回答这个问题呢?”然后,你就着手绘制图表,因为我们对此很感兴趣,例如世界人口总数,或某些衡量社会进步的指标,或社会发展的状态,你就开始用图来描绘这些数据,因为用这种方法,人类历史上的重要事件和伟大成就都会对这些曲线带来重大变化。

那么,当你进行这番研究,并把数据转化成图表后,你就会立刻得到一个怪异的结论。你的结论是:实际上,上述这些因素对人类社会的发展并不是很重要,它们甚至对曲线没任何影响。人类历史上只有一件事、一个发展影响了这条曲线,把这条曲线向上弯曲了将近 90 度,它,就是科学技术。

工业革命期间的蒸汽机及其相关技术改变了世界,对人类历史产生了深远的影响,用历史学家伊恩·莫里斯的话说,这些技术让人类以前所取得的所有成就相形见绌,因为它们把人的肉体力量无限放大,克服了肉体力量的局限性。现在,我们正经历克服个人大脑的局限性,把我们的脑力无限放大。难道这不与把我们肉体的力量无限放大一样重要吗?

请允许我再次强调,从目前数字技术的发展看,我们离其发展目标还相

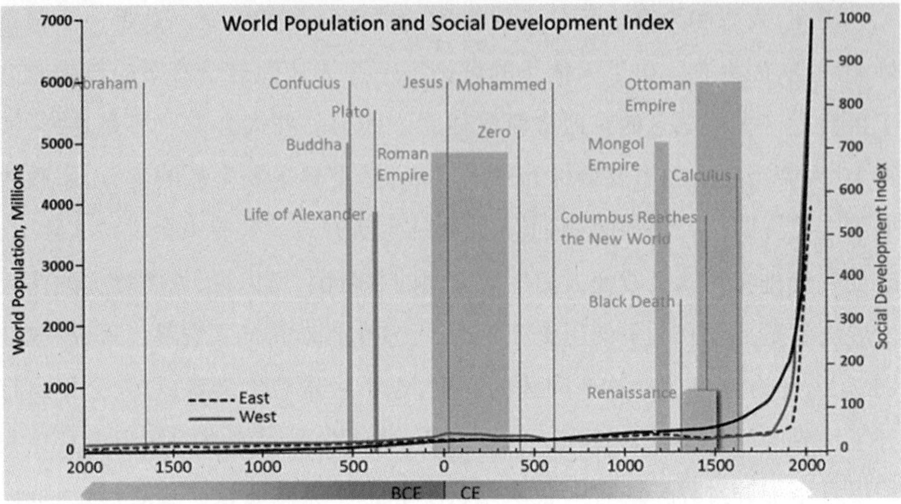

距遥远。但是，当我回顾我们的经济和社会发生的一些变化时，我得出的唯一结论是：我们还没有看到真正的变革，最美好的时光还没有到来。

下面，我给大家举几个例子。发展经济不是靠能源，也不是靠资本，更不是靠劳动力，而是靠创意。所以说，创新工作和提出新思想才是发展经济的最大动力，也是我们在一个经济体中所要做的最基础的工作。在过去提到创新，就是找一群长相相似的人（幻灯片是一群着正装的青年），我们从精英组织中把他们挑选出来，再放到其他精英组织之中去，然后就等着收获他们的创新成果。现在，有个白人一直在麻省理工学院和哈佛大学工作，这对我并不存在什么问题，但是，其他人有看法，由于放宽了准入门槛（幻灯片是几个穿T恤的青年），他们闯进了创新团队，这是“顶尖程序员”比赛的获奖者，我相信，没有人会在意这些孩子在哪里长大，在什么地方上学，以及他们长得什么样，人们在意的是他们的成果质量，他们的创意价值。

就这样，科学技术不断促进世界的发展，创新工作变得更加开放，更有包容性，更透明，更注重绩效，而且这种趋势也在不断发展。不管麻省理工学院和哈佛大学怎么看待这个问题，我非常高兴能看到这种变化。

我时常听到这样的说法：“好，我同意你的看法。但是，科技仍然是富人世界的工具,问题是,这些数字技术产品未能改善处于金字塔底层的人们的生活。”对这种说法,我的态度很明确:纯属无稽之谈。科学技术让底层的人的生活得到了显著改善。

不久前,经济学家罗伯特·甄森曾做过一项很出色的研究,他认真考察了印度喀拉拉邦一些小渔村的居民生活,当他们第一次有了手机,生活发生了很大变化。《经济学季刊》刊登的文章大多用枯燥的学究语言,但是,当读到甄森写的文章时,我感到他在向我们疾呼:看,这真了不起。物价稳定,这样人们就可以更好的计划自己的经济生活。在那里,浪费不是减少了,而是被彻底被消灭了。村庄里的买卖双方的生活都得到了极大改善。我认为,并非甄森很走运,恰好来到了一些生活水平因科技而大大改善的村子。事实上,他只是非常详细地记录了新技术第一次被引进到新的环境和社区时,会发生些什么,居民的生活和福利会得到显著改善。

因此,我多方寻求证据,构思未来的发展空间,我对数字技术相当乐观,我开始认为物理学家弗里曼·戴森提出的惊人观点并不夸张,那是对目前所发生的事情的精准评估。我们的数字技术是伟大的礼物,现在,随着数字技术的繁荣,随着数字技术向深度和广度发展,以及数字技术在世界范围的重大影响,我们的生活前景将非常美好。

所以说,机器人确实抢了我们的饭碗,但是,如果只关注这一个问题,那就完全背离了问题的本质。问题的本质是,数字技术解放了我们,我们可以做其他事情,我相信,我们可以减少世界上的贫困和不幸,减少那些单调乏味的工作。我也相信,我们能在地球上生活得更轻松。我更相信,随着新的数字设备的广泛应用和造福人类,过去的任何冷嘲热讽都会销声匿迹。

最后,我用数字技术的积极促进者、我们的老朋友肯恩·詹尼斯的一句话结束我的演讲,我很赞成他的这一说法,他说:“我个人欢迎我们新的计算机领主。”(译者注:肯恩在《危险境地》知识抢答竞赛中败给IBM超级计算“沃森”后,他写下这句话表示认输。)非常感谢大家。

史蒂夫·乔布斯(Stave Jobs)

(1955—2011,美国苹果电脑公司创始人之一、首席执行官)

1997 年 8 月 6 日,美国马萨诸塞州波士顿

在 1997 年苹果公司大会上的演讲

重塑辉煌

非常感谢你们给予我的热烈欢迎。我想,现在该给大家演讲了。我今天来到这里,是向大家报告苹果公司的现状,告诉大家我们为让苹果公司重新振兴起来的一些措施。

当我返回苹果公司后(译者注:乔布斯被苹果公司解雇后,组建了 NeXT 电脑公司。1997 年苹果公司收购了 NeXT,乔布斯重返苹果公司),不少人给我出主意,对我讲得最多的是:“苹果公司落伍了。”有人甚至说:“苹果公司做不成任何事情。”还有人说:“苹果公司的企业文化混乱不堪,没有人能领导它。”我想,你们从媒体已经读到了这些议论。

通过四个星期的调查研究，我发现事实与上述说法完全相反。虽然苹果公司现在不像过去那样，其影响力无处不在，但是，在市场的某些领域苹果公司仍具有绝对优势。现在，我就向各位分析一下这些市场优势。

苹果公司所做的很多事情都很突出，只不过是做了错误的事情。苹果公司的执行能力仍然很强。我与苹果公司的一些高管进行了交流，苹果公司有很多了不起的人物，他们之所以做错事情，是因为公司的计划本身就是错误的。

还有，公司文化并非混乱不堪，如果公司有好的战略，人们会迫不及待地投入其中。可目前还没有一个好战略。

所以，我认为苹果公司仍是一个健康的公司，这里聚集着一群科技精英，他们斗志昂扬，和过去一样致力于实现计算机梦想。现在需要的是，把他们团结起来，拿出一个宏伟的计划，然后全力以赴实施这个计划。这就是过去四个星期里发生的事情。

苹果公司的主要问题是什么呢？我想，主要问题有点复杂，但还是能找到症结。1995 年，苹果公司的销售额为 111 亿美元，1996 年为 95 亿美元，今年将是 70 亿美元上下，逐年下降。这就是问题或者说是症结，这取决于你如何看待这个问题。所以，我们需要让我们的销售额稳中有升。实际上，苹果公司的人正努力解决这个问题。

关于董事会。那么，我们要首先采取哪些步骤呢？首要步骤是从高层开始。苹果公司的基层改变了不少，我想，高层也需要这些改变，要对董事会进行改革。

关于实用性。苹果公司需要弄明白，苹果产品在哪些领域具有优势，要集中精力发展优势产品。我们还需要弄明白苹果公司的核心资产是什么，要对核心资产加大投资力度。苹果公司在一段时间内忽视了它的核心资产。

除了媒体伙伴外，苹果公司还必须发展其他方面有价值的伙伴。我们还要确定新产品模式。我们已经有一些不错的点子，但我今天并不打算谈论这些产品,我只想让你们知道,我们已经构思出了一些不错的产品模式,今年年底前肯定会让你们知道的。

我接着再谈谈董事会的一些事情。苹果公司董事会的董事们非常优秀,他们为苹果公司废寝忘食地工作。但我认为,根据董事会自身的情况,它需要变革,各位董事也同意这么做。

我们组建了新的董事会,我今天就在此宣布各位董事。上一届董事会有两位董事愿意留任,我们对此表示欢迎。第一位董事是埃德·伍拉德,他是董事会董事长,曾任杜邦公司的首席执行官。我认识埃德才几个星期,我认为,他非常出众,在苹果公司最困难的时刻,他展示出了卓越的领导力。

第二位就是张镇中,他是休斯电子国际集团的董事长,来苹果公司董事会时间不长。张镇中为苹果公司带来了国际经验,尤其是亚洲经验,苹果公司在亚洲的市场空间很大。

上一届董事会的其他董事都辞职了。我们要增加四名新董事来领导公司。第一位新董事是拉里·埃里森,他是甲骨文公司的首席执行官。拉里在他的车库里创建了甲骨文公司,比我创建苹果公司大约晚一年。现在,甲骨文公司已经发展成为世界上第二大软件公司。我们想大力开发软件,所以,董事会里有软件产业的行家里手是个不错的主意。

第二位新董事杰瑞·约克,他曾是 IBM 公司和克莱斯勒公司的首席财务官,他为扭转 IBM 公司和克莱斯勒公司的不利局面做出了很大贡献,他的工作成就使他在金融界大名鼎鼎,备受尊敬。

第三位新董事比尔·坎贝尔,他是财捷公司的首席执行官。此外,在苹果公司辉煌时期,他还曾任苹果公司市场营销部副部长,并管理着克莱力思软件公司,他深谙苹果公司曾有过的成功与失败,我相信,他会是一个非常优秀的董事。

最后一位新董事,那就是我了。

我想花点时间,感谢即将离任的几位董事。我认为,在苹果公司当董事可不是件轻松的事情。他们很称职，为公司绞尽脑汁寻求正确的发展道路。

我也要对我们的新董事表示欢迎。我认为，令人振奋的工作在等待着我们去做：帮助管理团队，把苹果公司引回到健康的道路上来，恢复昔日的辉煌。

那么，我认为你们也有这种看法，这是一次彻底的变革，我们要为苹果公司注入大量的产业要素。我们不计划在本次会议上任命董事长，要等到我们的新首席执行官上任后再做这样的事情。

现在，我整理出一段视频，如果你们喜欢，我可以放给你们看。这是关于我向新董事们提出的几个问题，也许你们对此有点印象。你们现在想看吗？（视频播放）

好了，接下来我谈谈市场定位。我不能让每位董事给我苹果产品确切的市场份额，根据我搜集到的数据，它大约占 7% 的市场份额。现在的问题是，哪个领域是我们的重点？哪个领域我们仍然具有市场优势？市场细分是怎么样的？

我认为，我们可以把市场细分成两个。第一个是创意市场，包括出版、设计、制版等等，也就是创意领域的专业人员使用的电脑。令人振奋的是，到目前为止，苹果公司仍然主宰着创意领域的专业电脑市场，在广告、图形艺术、设计、制版领域，Mac 电脑大约占 80% 的市场份额。在互联网领域，64% 的网页是用 Mac 电脑做出来的，这是我得到的最好的数据，真是太不可思议了。

然而，我们在这方面做得还很不够。例如，使用 Mac 电脑的人中，有 10% ~15% 的人把 Adobe Photoshop 图像处理软件作为主要工具，是不是？我们上一次与 Adobe 公司合作开发 Photoshop 市场是什么时候？我们上一次去 Adobe 公司，告诉他们我们如何让 Photoshop 在 Mac 电脑上运行得更快是什么时候？我们本应该对这些事情进行更好的整合，可我们没有这样做。我认为，我们应积极地把更多的精力用在如何实现这些目标上。

我心里一直想着第二个市场,那就是教育。苹果公司制造的第一批计算机就用在教育上,后来制造的 Mac 电脑,我们仍然把它用于教育。现在,苹果公司仍然是教育领域的领军企业。我问大家一个问题:世界上最大的教育机构是哪家?答案是苹果公司,苹果公司是世界上唯一最大的教育提供商,我们是世界上最大的教育机构。我曾在苹果公司问过这个问题,只有 2% 的人认识到苹果公司是世界上最大的教育机构。

这太令人难以置信了。苹果公司在教育领域仍然占有很大的市场份额,教育领域使用的电脑中有 60% 是苹果产品,教师使用的电脑中有 64% 是苹果产品。我们在教育领域每年的市场份额是 20 亿美元到 25 亿美元。这就是我们重新崛起的基础,这就是我们再创辉煌的财富。

所以,苹果公司将重点开发这两个市场,让创意市场和教育市场每年的销售额增长 20% 以上。现在,苹果公司在这两个市场的份额正在慢慢萎缩,但我相信,苹果公司会在这两个市场上稳步增长,打个翻身仗;苹果公司会与这两个市场同步发展,因为苹果要将自己的主要精力投入在具有优势和特长的领域。

我接着谈谈苹果公司的核心资产问题。大家知道,苹果公司最宝贵的财富是你们大家,是 2000 万到 2500 万活跃用户,你们坚信,苹果和 Mac 系列产品仍然是世界上最好的东西。但我认为,我们为你们所做的服务工作还远远不够,我曾打过一个技术支持热线,得到的是一个大家经常听到的等待信号。所以,我们要尽快改变这种状况,在此,我为过去我们在这方面的任何不足向你们道歉。

现在,我想做进一步分析。我要说的是,从分析的角度看,苹果公司的核心资产是什么?我认为,苹果公司主要有两个核心资产,第一个就是“苹果”本身的品牌,第二个是 Mac OS 操作系统。如果你问世界上最著名的五个品牌是什么,如果你问一些专业人员这个问题,我想,每个人都会提到“耐克”,还有“可口可乐”和“迪士尼”,当然,大家也不会忘记“苹果”。

我们拥有世界上最好的品牌,可我们在过去几年里却没有对此给予足够的重视,我们要改变这种状况。现在,我再谈谈 Mac OS 操作系统。毫无疑问,Mac OS 操作系统是苹果公司一项极具价值的资产,我们对此都很关注。我的意思是,很多人认为我们要放弃 Mac OS 操作系统。大家知道,很多人认为,自从我们用一个老名字"神庙"(Temple)发布 Mac OS 8 以来,来年发布的版本应该是"轻快"(Allegro),接下来的版本该叫"安魂曲"(Requiem)。这太有意思了,简直是疯了。

Mac OS 是世界上最好的操作系统,它仍然是世界上最好的东西,使用 Mac OS 操作系统的活跃用户有 2000 多万,现在已接近 2500 万。围绕着 Mac OS,有数千开发人员,有 15 亿美元软件产业。它是苹果公司的核心资产,我们还要继续在这方面加大投入,因为我们认为它是一项不可估量资产,我们还没有把它彻底开发出来。

Mac OS 是苹果公司的支柱产品,但我们也要在其他方面有所建树,因为我们是一个富有创新能力的群体。苹果公司的核心还是 Mac OS 操作系统。我听不少人说,我们要放弃 Mac OS,绝对不是这么回事。我们最新的一个版本是 Mac OS 8,我现在就告诉你们一个振奋人心的消息,两个星期前我们发布了 Mac OS 8,现在已卖出 120 万份,比我们预期的销售量多出四倍。所以,我们正忙着安装所有的东西,如果你们信息接收不及时,我在此向你们道歉。现在销售数字继续攀升,我的意思是,销售量没有减少的迹象。你看,OS 8 取得了巨大成功。

现在,我要介绍一下我们重要的合作伙伴。苹果公司生存于一个生态系统之中,它需要其他伙伴的帮助,同时,它也要帮助其他伙伴。当今,一个破坏性的关系对软件产业的任何一方都没什么好处。所以,在过去几个星期里,我们建立了一些伙伴关系。一个良好的合作关系,对合作双方都具有巨大的潜力。我现在就宣布我们今天的第一个合作伙伴,一个非常重要的合作伙伴,它就是微软公司。

我想向你们解释一下。我知道,苹果公司与微软公司的合作源于专利纠纷。让我感到自豪的是,这两家公司没有按传统诉讼的方式解决专利纠纷,而是用非常专业的方式解决,这就促成了两家公司的全方位合作。现在,我就讲讲这两家公司的几个让我们兴奋无比的合作项目。

第一个项目是专利使用协议,苹果公司与微软公司达成的专利协议规定,两家公司可以使用对方已经注册和未来五年内注册的所有专利。这是一项非常重要的专利协议。

第二个项目是在未来五年内,微软公司有义务发布基于 Mac 电脑的 Office 办公软件,在此期间内,微软公司发布的基于 Windows 操作系统的主要软件,均要有 Mac 版本。第一个软件预计在今年年底发布,也许会推迟几个月到明年发布,但他们正非常努力地去做这件事情,这个软件非常好。

接下来我说说浏览器。苹果公司决定把微软公司的 IE 浏览器作为 Mac 电脑的默认浏览器。但是,我们会给用户选择的余地,我们也要在 Mac 电脑上安装其他浏览器,这样,用户就可以根据自己的意愿改换默认浏览器。但是,我们认为 IE 浏览器是个非常好的浏览器,它会被很多用户当作默认浏览器。

关于 Java(译者注:面向对象的程序设计语言),我们要与微软公司在 Java 上通力合作,以确保我们能从对方获得最好的软件,并确保在我们的虚拟主机上具有很好的兼容性。我们认为,这会满足所有用户的需求。

最后,微软向苹果公司注资,以市价购买 1.5 亿美元的苹果公司股票,这是无投票权股票,他们还承诺至少在三年内不出售这些股票。所以,这就意味着,在重振苹果公司昨日辉煌的历程中,微软公司与我们同舟共济,当然,他们也会从苹果公司股价的上涨中获得丰厚的利润。

我们要与微软公司在 Office 办公软件、IE 浏览器和 Java 上进行合作,我认为,这将让苹果公司和微软公司成为非常健康的伙伴关系。今天,我在此宣布这一揽子合作项目,我们感到非常高兴,激动不已。今天,我通过卫星

接收器邀请到一位非常重要的客人，现在就请他上台。（盖茨出现在视频上）

盖茨：

在我的职业生涯中所做的最令人兴奋的工作，就是我与史蒂夫所做的关于 Mac 电脑的工作。不管是初次介绍，还是开发诸如 Mac Excel 之类的软件，都具有非凡的意义。我们延长了对 Mac 电脑的义务，这也令人兴奋。有 800 万用户在 Mac 电脑上应用微软的软件，我们让使用 Mac 电脑的用户非常容易地处理文档，并可以在所有机器上使用。我怀着激动的心情宣布我们正在开发的软件，这个软件的名字叫 Mac Office 98。我们希望在今年年底推出这个软件，它有很多令人耳目一新的特征。这个软件是绿色版，无需安装，过去使用 Office 的用户很容易过渡。我认为，Mac Office 98 非同凡响的特质会让你更加出色地工作。在很多方面，基于 Mac 操作系统的 Office 会比基于 Windows 操作系统的 Office 更加先进。

我们也为 IE 浏览器感到兴奋，我们在加利福尼亚有一个非常敬业的团队开发这个产品，这是专门为 Mac 电脑开发的浏览器，这可不是我们在 Windows 环境里工作的一部分，我们能为苹果公司提供支持感到很高兴。我们认为，苹果公司对计算机的发展做出了巨大贡献。我们为能够为别人提供帮助感到很开心，我们也期待从你们那里得到回报，因为我们正开发更多的 Mac 软件。谢谢大家。

乔布斯：

谢谢你，比尔。

你们知道，我们现在所做的，是为计算机产业孵化出最大的资产。如果我们想取得进步，看到苹果公司再现昔日的成功与辉煌，我们就必须抛弃一些观念。我们必须抛弃让苹果公司战胜微软公司的观念，而要树立苹果公司必胜、苹果公司能推出非常好的产品的观念。如果有人想帮助我们，这是我们的福气，我们需要我们所能得到的所有帮助。如果我们自己把事情搞砸了，工作成绩欠佳，这不能埋怨别人，完全是我们自己的错。我认为，这是一个非常重要的观念。如果我们要在 Mac 电脑上运行微软的 Office 办公软件，我们就要感激提供该软件的微软公司。我们会喜欢微软的软件的。我认为，我们不应该再把与微软公司的关系定位为竞争关系，这对苹果公司的健康发展至关重要，这对苹果公司为计算机产业做出巨大贡献至关重要，这对苹果公司再现昔日的成功与辉煌至关重要。

我要与大家分享的最后一个观念是，有时，观点确实让你改变对事物的看法。就拿我自己来说，当我从统计数据中得知苹果公司是世界上最大的教育机构时，就像头顶上一道闪电让我震惊。太大了，这是一个多么大的产业基础啊！还有另一道闪电，那就是苹果公司与微软公司占领了台式电脑的所有市场份额。所以，不管苹果公司与微软公司达成什么协议，这都是建立一个标准。我认为，你们会看到我们与微软公司更多的合作，因为他们是台式电脑产业的除了我们之外的唯一参与者。我也认为，你们也希望看到微软公司与苹果公司更多的合作，这是因为苹果公司是台式电脑产业除了微软公司之外的唯一参与者。所以，我希望我们在将来有更多的合作，这个行业需要我们的合作。

最后，我要谈谈苹果电脑及其品牌的含义。你们知道，如果你要买一部苹果电脑，你会感到自己与众不同。当我们制造 Apple II（译者注：苹果公司 1977 年推出的普及型微电脑）时，你们改变了对电脑的认识。过去，你在电影上看到的计算机要占据很多大的房子，与你桌上的电脑大不一样。开始没有任何软件，你改变了认识。当第一台 Apple II 进入学校时，你改变了认识。当你买了一台 Mac 电脑时，你改变了认识，因为它是不同寻常的电脑，用不同寻常的方式工作，需要使用你不同寻常的智力。它也把很多人带入电脑世界，改变了他们的认识。当你买一体式电脑时，你改变了对它的认识。我想,当你买一台苹果电脑时,你一定有不同的认识。我认为,买苹果电脑的人确实与众不同,他们是世界上富有创新精神的人,他们出去不是为了某项工作,而是为了改变世界,为了改变世界,他们会使用所有能得到的工具。我们就是为他们制造工具。

我真诚地希望,你们今天在这里看到的能增加你们的信心。我们也会改变认识,为所有购买我们产品的人提供良好的服务。人们经常认为自己的想法太离奇,但是,这种离奇孕育着天赋,我们就是为具有天赋的人制造工具。

非常感谢你们。

张瑞敏
(海尔集团董事局主席兼首席执行官)

2009 年 6 月 12 日,中国北京

在沃顿商学院'09 北京校友论坛开幕大会上的演讲

信息化时代管理如何创新

非常高兴参加沃顿商学院全球校友论坛。

我们海尔集团和沃顿在 2001 年就有接触,在这将近八九年的时间里,沃顿教授给了海尔管理很多的帮助。另外,沃顿也是一个世界顶级的商学院,我很愿意在这里谈一谈我的一些想法与做法,希望能够和大家进行充分的沟通,更多获得沃顿领导和教授的帮助。

今天在这里我想讲三点:第一,怎么样做适应中国国情的管理,第二,在信息化时代怎样做管理上的创新,第三,海尔自己在商业模式创新上的探索。

第一,怎么样做适应于中国国情的管理。中

国现在有一个 MBA 悖论，一开始大家对 MBA 非常狂热，认为只要有了 MBA 的学生、受到 MBA 教育的企业管理一定能够上去。当然 MBA 是非常重要的，当然也有一个 MBA“退烧”的问题，用了之后觉得不像期望的那么高。主要原因是 MBA 案例大部分是国外案例，很少有中国自己的，中国没有自己的管理模式、管理方式。在改革开放前，中国没有自己的管理，改革开放后中国主要是学习日本的管理方法，像丰田的管理方式，而不是管理模式。引进 MBA 还有一个是不是水土相服的问题，我自己也感觉到这确实是一个非常大的问题。

去年 11 月我去美国波士顿，和杰克·韦尔奇专门有一个会谈，谈了很多问题，我问的第一个问题是韦尔奇能够把 GE 做到世界最大，但是又做到了世界最小。意思是说他把公司做到了世界第一，但是公司里每一个人又能够充分地发挥、体现自己的价值，其实这是非常不简单的。在中国很难做到这一点，我请他谈一下他的体会。他说中国的企业文化和美国有非常大的不同，在美国很多方面可以放权，因为美国的财务制度非常非常完善，完善到了我自己都不了解，里面有非常复杂、非常详细的内容，但是可以帮助我把这个企业有系统地推进；我让员工更多地创新，因为在这个制度下反而会觉得受到很多的束缚。GE 在中国也有很多企业，在中国员工很愿意随意改动一些东西，中国没有一些非常完善的制度，这是两个国家在管理上非常大的差异。

其实我们自己在国外设立工厂或者是和国外公司打交道后，也感觉到中国企业内部的文化和美国、日本的都有非常大的不同。比如说我们在美国南卡罗莱那州设立了一个工厂，我们的人过去告诉美国生产线的工人应该怎么去操作，但是过了几天，按照美国的条件可以改动一下，就把这个方法改了一下，美国工人就不干了。他说你前两天告诉我那样干，今天又告诉我这样干，到底哪个是对的。所以不能随便改。这就体现了一个“法”的概念。但是中国工人的这个概念并不是很强烈。像让日本人擦 5 遍桌子，但是中国人可能今天擦5遍,明天就擦3遍了。我们把日本的一家工厂并过来,研发了非常好的产品,在全世界都卖得非常好,我们就给这个研发团队特别的一份奖励,结果他们不同意。为什么呢?让这些人来干就开发出很好的产品,如果不让他们干,让其他的人干也会开发出很好的产品,这是我们的决定,而不是他们的能力问题,不可以给他们单独奖励。日本人的这种团队精神也是和中国不一样的。

中国的管理一定要适合中国自己的国情,这在国外可能会有很大的问题,但是怎么样来做又遇到了一个问题,现在金融危机来了,很多企业感觉到现在还谈什么管理,能过得去就行了。所以大家抱着能"过冬"的思想。今年1月1号温家宝总理到海尔视察,我谈了这方面的想法,现在很多企业不考虑什么管理不管理的问题了,就是考虑能"过冬"就行了。作为海尔我们的想法不应该是"过冬",应该是"冬泳",金融危机过去后你只能是低水平的重复,以前是廉价劳动力生产产品出口,你如果还是低水平生产产品出口的话没有多大的意思,所谓的"冬泳"是在金融危机中不但不能放弃管理,应该把管理提高一步。所有企业在金融危机中遇到的问题就是两大问题,表面来看就是库存非常多,第二是应收账款收不回来。特别是江浙一带欠的非常多。一般企业采取的作为是库存只好再降价、再销售,在金融危机的情况下"冬泳"就是把我的管理提高到可以消除库存、消除应收账款问题,这样可以把整个企业的管理水平提高。

当时我跟温总理说这个要靠创新,佛教禅宗上有一句话"凡墙都是门",只要你创新,所有竖在你面前的墙都可以通过去。如果不能创新的话在你跟前的是一道门也过不去。这是我想说的第一点,怎样用创新来适合中国的国情。

第二点,怎么样在信息化时代进行管理创新。现在进入互联网时代,互联网时代对企业提出来的挑战就两个字——速度。谁能够以更快的速度满足用户的需求。有人说农业时代解决饥饿工业征服空间,信息工业征服的是时间,所以对企业来讲时间是制胜的关键,能不能在第一时间满足客户的需求。德鲁克有一句话,互联网消除了距离,这就是它最大的影响。对于企业来讲只能做到和用户的零距离,如果和用户零距离你就赢了。

先要做企业信息化,然后再提升企业信息化。作为企业信息化来讲中国企业还有很长的路要走。现在媒体报道中国企业 ERP 不能够成功的有 93%,也就是说可以做到 ERP 的只有 7%,而这 7% 还不一定能够成功。媒体上可以看到很多企业和做 ERP 的咨询公司打官司,说你给我做 ERP,给我承诺做到什么程度,现在没有做到,我要求你索赔。这说明一个很大的问题,做信息化有一个非常大的误区,还没有做到以用户为中心满足用户的需求,然后就要求做信息化,其实做不到的。现在中国企业做的油水分离,本来业务就像水一样,现在把信息化做得像"油"一样,放在水上面。有点儿像《圣经》马太九章的一句话,没有人把新酒放在旧皮袋里去,如果把新酒放在旧皮袋里去旧皮袋一定会爆裂,新酒也会爆裂,所以只能把新酒放在新皮袋里。原来的业务流程就像旧皮袋一样,现在的信息化像新酒一样,把新酒装到旧皮袋中去肯定不可以。

拿海尔自己来说,做信息化也费了很多周折,现在比较好地做起来了。具体来说库存问题。我们在做信息化流程时库存没有得到很好的解决,现在我们提出零库存下的信息化。我没有库存,但是用户要的话我可以马上送给你,用户不要就不会形成库存,实际上就是全流程的再造。研发人员研发的产品,今天研发的产品必须是六个月后用户的需要。市场人员也应该了解到用户的需求,我的产品一定不会形成库存的。现在这个问题我们做得相对好一些了,这也是中国企业面临的很大的问题,比如说编成统一数据,2008 年中国家电企业库存周转天数是 64 天,我们自己在 2008 年初库存周转天数是 32 天,差不多是中国平均周转天数的一半。尽管我们的流程再造现在已经降到了三天。这个过程其实也是很痛苦的。我们的销售在这个过程中也受到很大的影响,咬着牙做了之后,把全流程的信息化都做起来了。很多中国的企业基本上还是卖库存。

我们开始卖服务了,根据用户的需求来做。

最近我看到一个报道,丰田汽车说它在金融危机的过程中之所以受到影响就是因为它偏离了丰田之道。原来的丰田之道并不是表面所说的探班管理,我生产的汽车一定是有用户要的,现在我们的零库存做到现在,也做到在生产线上生产的产品出来后不是放到仓库里去,而是哪个商场、哪个用户已经订了,所以我生产线上生产的产品就是用户要的产品。而不是像中国企业为仓库采购、为仓库销售,这是一个非常大的挑战,我们的企业信息化从这里切入就是以用户为中心做的。

接下来再往上做就是信息化的企业,怎么做我们也正在探讨。我的意思是说企业的信息化相当于以企业为中心满足用户的需求。而信息化的企业相当于把企业放到全球用户需求的链条中去,你只是这个链条中的一环,应该更快地在这个链条中进行运转。海尔要做的是怎样把我们从制造型的企业转化成服务型的企业。美国安德森在长尾理论里有两句话,非常好地诠释了这一点:在信息化时代每个企业应该是低成本提供高质量产品,高质量帮助用户找到它。如果低成本提供所有的产品,就不是中国企业现在大规模制造,而应该是大规模定制。因为大规模制作一定可以做到低成本。像长尾理论说的不是8020原则,而是所有型号的产品用户可能都要用,那个时候再大规模定制时,虽然是大规模,但是要定制很多型号的产品,这对中国企业来讲是非常大的挑战。

高质量地帮助用户找到他需要的产品,现在用户面对的不是你一个企业,而是全球很多企业,要高质量地帮助用户找到他需要的产品要求你的产品在全球中非常有竞争力。这对于中国的企业来讲,从现在开始,通过金融危机来转型是非常大的挑战。

我们现在在探索的就是虚实网结合,所谓虚网就是互联网,所谓实网就是最后一公里,也就是鼠标加及时服务。用户在互联网上点鼠标之后我应该是第一时间送达,这就需要实网——物流、营销服务等等。现在在实网方面我们正在努力地往前推进,因为中国的市场实在是太大了。特别是中国农村,现在扩大内需主要是农村,中国有2812个县、35000个乡、64万个行政村,一个县可能就有上百万人,广东地区有些地方一个很小的地方、一个县可能GDP就可以突破千亿,这个潜力是非常大的。但是这个网络深入下去就非常困难了。所以我们从县、乡、村一点点往下铺。

这和虚网互联网要结合起来,他点了鼠标后你怎么样送达。国外很多大的物流公司到中国来希望和海尔进行合作。它们的很多方面都比我强,但是就差一点,就是最后一公里。现在中国政府在推“家电下乡”,我们在“家电下乡”全国中的份额是最大的,是第一位的。就是因为我建设了庞大的网络。另外还有很多外国品牌和我是竞争对手,比方说美国、欧洲、日本的家用电器品牌都是我的竞争对手,但是它们现在把农村的销售委托给我。为什么呢?因为它没有办法配送,也没有办法服务,到每个村、每个县是很难的。

中国很有意思,村里很重要的是村长,村长如果觉得我用海尔的产品很不错,村里的村民大概都会同意。因为他可以给你一定的优惠政策,比方说电价可以给你优惠一点。另外我们村的电工,如果说谁买了海尔家电我可以免费给你修理,村民当然会很高兴了。另外中国农村的电价是很有意思的,不是和城市电价一样,很贵。为什么很贵呢?因为有很多费用都摊到电价里去。农民买电器买得起,但是用不起。

这是非常重要的,现在进入到云计算时代之后,没有人去买服务器了,肯定只买服务就行了。就像没有任何一个单位说我买一个发电机,自己给自己发电就行了。但是你买什么样的服务就是一个很大的挑战了。这个服务一定要和市场是紧密联系在一起的。

第三,海尔自己在商业模式创新上的探索。到底这个商业模式是什么样的,现在有很多说法,所谓的商业模式不管怎么说就是一条:能不能创造客户价值。如果说你能够创造客户价值,能够体现客户价值,这个商业模式就是对的,像丰台的泰利管理、戴尔的直销模式。我们自己现在在做的过程中,企业的员工怎么样都能够创造客户价值,都能够统一一个目标来创造客户价值。海尔 1984 年开始创业时只有 600 人,原来是一个濒临倒闭的小工厂,现在是一个国际化的企业,发展得比较快。在发展的过程中很多管理的东西都没有跟上,慢慢地就会有一种大企业病。所谓大企业病就是内部员工和部门相互间的博弈。正如 1994 年获得诺贝尔奖的约翰·纳什所说的,每个人都从自己利益最大化出发,最后形成一个博弈。可能是我为了自己的利益损害了公司、别人的利益,这一点在我们自己集团中也慢慢形成。部门间相互做一个防火墙,这样就形成一个非常大的问题。现在我们所做的是怎样使大家的目标都集中到创造用户价值上,怎样能够协同起来。

第一步是把各个组织结构颠覆了,按照职能管理原则,组织结构应该是金字塔形的,是一个中三角,企业最高领导在最上面,然后是次要领导,然后是一级级领导下来,到最下边一定是员工。但是员工面对的就是客户。客户所反映的问题员工要逐级反映上去,领导再作决策下来,这里面除了内部的消耗外还有一个很大的问题是不能够非常好地直面市场、快速作出决策。现在就把这个三角形倒过来,变成倒三角。客户在最上面,然后是一线经理、员工直面客户,最后一级级下来,最高领导成了最下面的了。这样企业的最高领导从原来的发号施令变成在最下端为一线经理提供资源。所有的部门在这当中都为一线经理和客户提供资源,从发号施令者变成资源提供者。

集团内部的各个部门因为都要面对客户,所以要打破各部门间的壁垒,我们叫做自主经营体,大家共同来达到客户的价值。

今年 4 月份我到美国佛罗里达和郭士纳(Lou Gerstner, Jr)见面,他写了《谁说大象不能跳舞》,就这个问题我们进行了交流。我画了这张图,从正三角到倒三角,我说我们现在是这么做的,你觉得怎么样?他说我在 IBM 做头儿的时候想这么做,但是我没有做。他说这个方向肯定是对的、方法肯定是好的，但是当时没有做的原因是什么呢？主要有两点：第一，如果你在上面叫一线经理变成一个个的经营体、经营团队就会产生一些问题，市场上一些新的机会就不会关注了，只会关注他的客户，这样会丧失很多新的机会。这是其一。第二，一线经理团队对着客户，身后的资源不能及时提供给他，他要回过身来找资源，对客户的关注下降了，因为这两个原因当时在 IBM 没有采用这个方法。

我们也考虑到这两个问题，现在正在采取措施解决。一个企业可能很大，但是再大、再小的企业也就是三张表，损益表、资产负债表和现金流量表，现在我把损益表做到一个团队，在倒三角形最尖端的领导个人损益表是要关注这个企业在市场上的战略方向和战略目标，当然企业新的机会就是他损益表的任务。为了防止一线经理对客户承诺后还担心背后的资源没有共享，所有背后的这些人，比方说人力、财务等等都有各自的损益表，这个损益表和这个团队对客户的承诺内部要形成一个契约。我们也进行了一些试点，效果还不错。收到了一些效果。这完全颠覆了过去的思路，过去我到企业里来干，根据我的职务、能力、所做的工作给我开工资或者是奖金，现在完全变成了你到公司来干，你拿到的是公司的资产，你拿到的资产必须要增值，如果不增值的话就亏损了。你拿到资产后我给你时间划定，做到多少是保本，挣到多少是公司利润。一个是市场行业平均利润、一个是市场标杆企业的最高利润，第一步可以达到平均率，第二达到最高，把这个利润留下后，把所用的费用去掉，剩下的进行分成。现在市场上很多企业做着做着就要降价。过去一个人派到北京来做，他说产品不好卖了，要降价，他就申请，我们批准后，这个事就和他没关系了。现在是买断了，降价一定会亏损，亏损后你就没有工资。你就不可能再创造价值。有点儿像中国农村改革开放一开始的时候。中国农村从 1978 年开始改革开放，很短时间内就上来了，也就是“先国家，后集体，剩下是自己”。我给你这样一个平台，比方说你销售一百万，之前是公司资产，现在你必须要增值十万或者是二十万。

这样做了之后有三个好处。第一可以适应信息化时代多变、快速的市场。现在市场变化太快了,等到市场变化反馈回来你再作决策肯定是不行的。但是我把市场给你了,你来运作,他自己来做的话绝对就可以了。就像托夫勒在新文明中说的一句话一样,现在的时代是金钱与光速的时代,信息需要比这个更快才行。信息要比光速还快。在农村就有这些,举个小例子,我们的产品到农村很受欢迎,电冰箱、洗衣机都有防鼠板,如果不打老鼠的话,老鼠就把电线咬断了,我们就加了一个防鼠板。我们一线人员发现防鼠板不管用。达尔文的进化论在这里起作用了,老鼠进化了。原来农村房屋很差,门什么都是敞开的,老鼠随便进出。现在门窗都严密了,老鼠进不去了。四厘米长的小老鼠就可以繁殖下一代,原来的防鼠板根本防不住老鼠了。他们在现场马上采取措施把这个问题解决了。类似这样的事非常多。

第二,解决内部博弈的问题,就是人单合一的文化。人就是员工,单不是狭义上的订单,而是市场目标。每个人都有自己的市场目标,要和市场目标协同起来变成双赢。他可以给用户创造价值,也可以从这个价值中得到新的价值。

中国的员工很聪明,不管你下达什么政策都有办法对付你,很快就修正了。但是有一条,只要花公家的钱办公家的事,肯定是第一效率低,第二浪费钱。如果花自己的钱办自己的事,第一效率高,第二省钱。这样就很简单了,你拿的资产都是公司的了,现在我划到你名下,变成你的。把这个资产给你,让你来运作。你运作增值的话就得好处,亏损的话就没有工资了,就不会把很多难题推到上面来了。英国哲学家培根说了一句话,追逐私利的人往往会烧掉大家的房子来煮自己的鸡蛋。其实这样的事多了去了。

第三个,对于传统管理会计新的推进和探索。我们推行的这些东西,美国会计协会觉得很有意思,和我们探讨过好几次。现在美国的管理会计已经到顶了,很难突破了,海尔所做的这一切提供了一个突破现有管理会计的新思路。作为管理会计,说到底就是管理未来、规划未来的会计。如果一个企业未来规划得很好,也就是说你的战略很好,但是员工不能协同,不能直接反映到市场上也是白搭。如果把管理会计、规划未来的会计变成每个人都来规划未来,每个人规划未来和自己的未来是连在一起的,这样管理会计一定会充满活力的。

最后我想说一点我个人的体会,我在企业里干了 30 多年,我觉得作为企业领导人最难的是要不断地战胜自己。因为你不是神仙,不可能主观的判断总是会适应客观规律,所以就很难了。因此不能够自以为是,要永远自以为非,只有这样才能不断地挑战自己。所以国家领导人去的时候说,金融危机你们什么目标?我说就四个字——剩者为王。你能剩下的话就一定赢了。要剩下就不这么简单了,不是低水平的剩下,而一定要提高。怎么样创新、怎么样提高呢?就像《基业长青》所说的,对于领导人的挑战,你不能做报时人,应该做报钟师。都靠你来做决策,你再英明也会有失误的时候,做报钟师,能够把每个人都打造成为体现自身价值而不断创造新价值的主体。这样企业就不是靠你一个人来运转,而是像一部精密的时钟一样准确地运转,会克服所有的问题。

我自己的目标是希望把这个企业打造成一个自组织、自运转,能够应对所有的挑战、所有的危机,真正能够做到基业长青。谢谢!

第2篇 艰苦创业

史蒂夫·乔布斯 / 找到你的所爱

杰夫·贝佐斯 / 选择决定人生

德鲁·柯蒂斯 / 我是如果打败“专利流氓”的

俞敏洪 / 当我最惨的时候

史蒂夫·乔布斯(Steve Jobs)

(1955—2011,美国苹果电脑公司创始人之一、首席执行官)

2005 年 6 月 12 日,美国加利福尼亚州帕洛阿尔托

在斯坦福大学毕业典礼上的演讲

找到你的所爱

谢谢大家!

我能参加世界上最好的大学之一的斯坦福大学的毕业典礼,感到非常荣幸。说实话,我未能大学毕业,这是我第一次如此近距离地接近大学毕业典礼。今天,我要给大家讲讲我人生中的三个故事,仅此而已,没有高谈阔论,就是三个故事。

第一个故事讲的是各种成就都与平凡的事情相联系。

我在里德学院读了 6 个月就办理了退学手续,但没有立即离开,作为旁听生又待了大约 18 个月才离开学院。你们很想知道:我为什么要退学?

我要从我出生前讲起。我亲生母亲当时是位年轻的未婚研究生，怀上我后，她决定把我送给别人收养，但收养人必须有大学学历。就这样，她与一律师及其妻子达成收养协议，一切都安排妥当。可是，当我出生后，律师夫妇决定收养一个女孩。所以，我的候任收养人——也就是我后来的养父母——半夜里接到一个电话："我们有个意外怀孕生下的男婴，你们想收养吗?"他们兴奋地答道："当然想收养。"后来，生母发现我的养母没有大学文凭，养父甚至连高中都没毕业，便拒绝在最后收养文件上签字。几个月后，我的养父母承诺，一定要把我培养成大学生，我生母的态度才软下来，同意我养父母收养我。这就是我人生的开始。

十七年后，我真的上大学了。但是，我选择的学校学费很高，几乎与斯坦福大学的相当，我的工薪族父母把所有积蓄都给我交了学费。六个月后，我感到花这么多钱读大学不值得，我不知道我将来要干什么，也看不出学校能帮我规划未来，可在大学里，我要花掉我父母一生的积蓄。所以，我决定退学，相信这会是个正确的决定。我退学的决定当时让人感到震惊，但现在回想起来，这是我一生中所做的一个最正确的决定。退学后，我就没必要听那些我不感兴趣的课程，我可以旁听那些更让我感兴趣的课程。

这可不是什么浪漫的事情。我没有宿舍，就睡在朋友房间的地板上；我用退可口可乐瓶子得到的 5 分钱的押金买吃的；每个周日的晚上，我要走 7 英里的路程到城市另一边的印度教寺庙美餐一顿。我很喜欢那里的饭菜。我凭借自己的好奇心和直觉所做的很多决定，后来被证明是非常宝贵的。下面，我就举个例子。

当时，里德学院的书法课几乎是全国最好的，校园里的每张公告，每个抽屉上的标签，都用漂亮书法书写。因为我退学了，就没必要参加正规的课程，于是，我就选修了书法课，想写一手漂亮字。我学了带衬线和不带衬线的印刷体，也学了根据字母组合调整字母的间距，还学了如何让版式更美观。书法确实很漂亮，它承载着历史文化，呈现了微妙的艺术，这些都是科学所办不到的。书法对我来说真是太迷人了。

当时,我并没有指望要在我的生活中实际运用书法。但是,十年以后,当我们设计 Mac 计算机时,我就把这些书法捡了起来,把它们设计进计算机,造出了第一台带有漂亮文档版式的电脑。如果我在大学没有学书法,Mac 电脑就永远不会有这么丰富的字样和字符间距协调的字体。由于 Windows 照搬了 Mac,这才让所有的个人电脑上有了丰富的字样和字体。如果我没有退学,我就没有上书法课的机会,这样,个人电脑也许就没有现在这么丰富漂亮的版式。当然,我在大学的时候,不可能把书法与将来的电脑联系起来。但是,十年后回头看看,这种联系却是如此密切。

我再重复一遍,你不可能知道现在的一些平凡的事情与未来有某种联系,你只能把现在的平凡的事情与过去联系。所以,你有理由相信,现在的平凡的事情会与你的未来有某种联系。你必须相信某些东西,诸如你的勇气、命运、生命、缘分等等,这是因为,相信平凡的事情引导着人的一生,就会给你信心,使自己根据直觉坚持走自己的道路,纵然离开了常人走的老路也毫不动摇。这让我的生命与众不同。

我的第二个故事是关于得与失。

我很幸运,我很早就找到了自己所喜欢的事业。在我 20 岁时,我和伍兹(译者注:苹果电脑公司创始人之一)在我父母的车库里创建了苹果公司。在接下来的 10 年里,我们努力工作,把在车库里仅有两人的苹果公司发展成拥有 4000 名员工和 20 亿美元资产的大企业。一年后,我们推出我们的最新产品——Macintosh 电脑时,我刚满 30 岁。紧接着,我被解雇了。我怎么会被自己创建的公司解雇呢?事情是这样的,当苹果公司成长时,我们聘用了一个被认为是很有才能的人,让他与我一起经营公司。在开始一年多的时间里,一切都很顺利,后来,我们对公司未来的看法产生了分歧,实际上是发生了争吵。当我们闹得不可开交时,董事会站到了他的一边。就这样,我在 30 岁时被解雇了,此事被炒得沸沸扬扬。我失去了青壮年时期的生活中心，这让我的身心受到了极大摧残。

开始几个月，我真不知道该做些什么。我感到，我给老一代企业家丢了脸，因为我丢掉了他们传给我的接力棒。我找到戴维·帕卡德（译者注：美国惠普公司创始人之一）和鲍勃·诺伊斯（译者注：美国英特尔公司创始人之一），设法为把事情搞得这么糟糕向他俩道歉。我那时声名狼藉，甚至考虑从硅谷退出。但是，我的潜意识让我慢慢明白一件事，那就是我仍然爱着我选择的事业。苹果公司发生的一切对这种爱没有丝毫的改变。我被抛弃了，但我仍爱着我的事业。所以，我决定重新开始。

虽然我当时没有意识到，但后来被证实，我被苹果公司炒了鱿鱼，是我曾经所遇到的最好的事情。那时，重新开始的轻松替代了成功的压力，因为一切都是未知数。这让我进入了我一生中最有创造力的一个时期。

在接下来的5年里，我创办了NeXT公司（译者注：世界上第一台互联网服务器就是该公司生产的）和皮克斯公司，并与一个迷人的女人坠入爱河，后来她成为我的妻子。皮克斯公司制作了世界上第一部电脑动画影片《玩具总动员》，它现在仍是世界上最成功的电脑动画工作室。事情发生了戏剧性的转变，苹果公司买下了NeXT公司，于是，我又回到了苹果公司，我们在NeXT发展起来的技术成为苹果公司目前复兴的核心。还有，我与劳伦娜也组建了一个幸福的家庭。

我确信，如果我不被苹果公司解雇，所有这一切都不会发生，这正是“良药苦口利于病”。有时，生活会给你当头一棒，但不要气馁。我相信，我爱我所做的一切，这让我矢志不渝。所以，你们要知道你们的所爱，选择事业和选择爱人都是如此。工作要占据人生的大部分时间，让人感到满足的唯一途径，就是从事自己认为的伟大的事业。实现伟大的事业的唯一途径，就是爱自己所做的一切。如果你们还没有找到这样的事业，那就继续寻找，不要放弃。只要专心去寻找，当找到它时，心智就会告诉你。就像任何伟大的爱情一样，随着时间的推移，它会变得越来越美好。所以，要继续寻找自己喜欢的事业,不要放弃。

我的第三个故事,是关于死亡的。

记得在我 17 岁那年,我读到一句格言,大概是这样写的:“如果你把每一天都当做你人生的最后一天,总有一天会真是如此。”这句话深深印记在我的心上,在从此以后的 33 年里,每天早晨起床我就对着镜子问自己:“如果今天是我生命的最后一天,我还会按照计划做我今天该做的事情吗?”如果我连续很多天都回答“不”,我知道,我需要改变我的颓废状态了。

我时刻提醒自己很快就要死去,这是我在一生中能够作出正确抉择的一大法宝。因为几乎所有的东西,所有外在希望,所有荣耀,所有恐惧、耻辱和失败,这些东西在死亡来临时都不复存在,剩下的是真正重要的东西。要时刻提醒自己,你就要死去,这是我所知道的避免为失去什么而苦恼的最有效的办法。人生不带来,死不带去,没有理由不去做自己想做的事情。

大约一年前,我被诊断出癌症。早晨七点半我做了 CT,清楚地显示我的胰腺上有肿瘤。那时,我根本不知道胰腺是什么东西。医生告诉我说,我患的癌症几乎没有治愈的可能,并说,我只能活三到六个月。医生建议我回家安排后事,这是医生婉转的说法,其实,就是让我回家等死。这意味着,在未来的几个月里,要把将来 10 年里要对孩子说的话交代完;这意味着,把一切事情都安排妥当,别给家人留下什么麻烦;这意味着,向这个世界说再见。

我整天都想着癌症的事情。那天晚上,我做了一次切片检查,医生把内窥镜从我喉咙插入,在胃部进入肠子,用针头刺进胰腺,取出一些肿瘤细胞。我被麻醉了,但妻子在我身边。她告诉我说,医生从内窥镜里看到肿瘤细胞时,都兴奋地掉泪了,因为那是一种罕见的可以手术的胰腺癌。于是,我做了手术。谢天谢地,我现在康复了。

这是我离死亡最近的一次经历,我也希望在未来几十年里,不再发生如此近距离地接近死亡的事情。有了这次经历,我现在对你们谈论死亡的意义感到更自信,而不是凭空想象。

没有人想死，即使是那些想去天堂的人，也不会为了去那里而死。然而，任何人也无法逃避死亡，任何人也逃脱不了死亡的命运。死亡是生命中唯一最伟大的发明，这是生命规律，也应该如此。死亡推动了生命轮回，让老生命谢幕，好为新生命腾出舞台。现在，新生命就是你们，但是，你们也很快就要老去，然后死亡。请允许我说这不太吉利的话，但事实就是如此。

所以说，你们的时间是有限的，不要靠模仿别人的生活来浪费光阴，不要畏畏缩缩、墨守成规，不要人云亦云没有主见，不要被妄语谗言所诱惑，最重要的是，要有勇气做自己想做的事情，凭直觉选择自己的人生之路，你的内心和直觉最知道你想要什么，其他任何事物都无法做到。

在我年轻时，有本很吸引人的杂志叫《全球概览》（译者注：*The Whole Earth Catalog*，美国反主流文化杂志），它简直成了我们这一代的圣经。《全球概览》是离这里不远的门罗帕克市的斯图尔特·布兰德创办的，他用诗一般的语言赋予这本杂志以生命。这是20世纪60年代的事情，那时，还没有个人电脑，也没有桌面印刷系统，一切全靠打字机、剪刀和宝丽来照相机。整本杂志就像装订成一本书的谷歌（译者注：指Google搜索引擎），这可是谷歌出现前35年的事情：它非常完美，上面有很多图标和概念解释。

斯图尔特和他的团队出版了几期《全球概览》后，正当杂志常规出版时，他们突然停刊了。在20世纪70年代中期，我那时就是你们这个年纪，最后一期的封底照片是清晨乡村道路，就是爱冒险旅行的人搭便车的情景。照片下面（译者注：其实是在照片上方）的说明是："求知要如饥似渴；创新要异想天开。"这是《全球概览》的停刊告别词。

求知要如饥似渴，创新要异想天开。我一直这样要求自己。现在，你们毕业走向人生的新的征程，我也把这句话送给你们：求知要如饥似渴，创新要异想天开。

非常感谢大家。

杰夫·贝佐斯(Jeff Bezos)

(美国亚马逊公司总裁兼首席执行官)

2010 年 5 月 30 日,美国新泽西州普林斯顿

在普林斯顿大学毕业典礼上的演讲

选择决定人生

我小的时候是在得克萨斯州我祖父母的农场度过的。我帮助他们修理风车,给牛接种,也打理其他活计。每天下午,我们就看肥皂剧,最爱看的就是《我们的日子》(*Days of our Lives*)。祖父母是房车俱乐部的成员,俱乐部的人用汽车拉着"清风"(Airstream)牌的拖车,成群结队地环绕美国和加拿大旅游。每隔几个夏天,我们就参与到这个拖车队中。我们把拖车挂在爷爷的车子后面,加入到 300 名房车爱好者组成的浩浩荡荡的队伍中。我很爱我的祖父母,也很崇拜他们。我很喜欢房车旅行。在一次旅行中,那是我 10 岁的样子,我蜷坐在车子后排的长座椅上。爷爷开着车,

奶奶坐在副驾驶的位置上吸烟,整个旅途她在一支接一支地吸,我很讨厌烟味。

在那个年纪,我总利用各种机会做些估测和算术题。我计算汽车每英里的油耗,并对日常生活用品的支出进行统计。我也总听到关于吸烟有害健康的宣传,详细内容我不记得了,大意是吸一口烟就会减少几分钟的寿命,我记得大概是每吸一口烟会减少两分钟的寿命。所以,我必须为我奶奶计算一下,看看她这么吸烟会减少多少寿命。我先估算出奶奶每天吸多少支香烟,然后在估算每支香烟可以吸几口,如此等等。当我算出一个合乎逻辑的数字后,我很有成就感,就把头探到车前,拍了拍奶奶的肩膀,大声宣布:"吸一口烟要少活两分钟,吸烟让你减少了九年的寿命。"

我对当时的情景记忆犹新,情况进展出乎我的意料。当时,期待着奶奶表扬我的机灵和算术能力:"杰夫,你真聪明,你的计算很复杂,要算出每年因吸烟减少多少分钟的寿命,然后再做除法算出这些分钟折合多少年。"让我失望的是,这并没有发生。相反,我奶奶哭了起来,我坐在后面的座椅上不知所措。奶奶哭的时候,爷爷仍默默地开着车,把车停在公路边上。接着,他下了车,转过来把我的车门打开,示意我下车。

我遇到麻烦了吗?爷爷寡言少语,但很有智慧。他从未对我动过粗口,难道这次爷爷要臭骂我一顿不成?也许他要让我回到车子里,向奶奶道歉。我从来没有与祖父母发生过这样的事情,对接下来会要发生什么我一片茫然。我们就站在拖车边上,爷爷注视着我片刻,温和平静地说:"杰夫,有一天你会明白,慈爱比聪明更难做到。我今天要对你说的是,天赋和选择是不同的。聪明是一种天赋,慈爱是一种选择。获得天赋很容易,它们是与生俱来。但选择就难了。如果你放纵了自己,就会被天赋把自己引向邪路,如果你真这样,天赋就成了选择的祸害。"

在座的各位都有各种天赋。我相信,聪明和智慧是你们都具备的天赋。我之所以这么说,是因为入学申请竞争激烈,如果你没有证据证明自己聪明,招生主任就不会录取你。

你们将行进在一片神奇的土地上,所以,你们的聪明才智早晚会得到发挥。我们人类历尽艰难险阻,但总伴随着令人振奋的成就。我们发明了大量生产洁净能源的方法,可以用原子组装机器,这种机器可以穿过细胞壁修复细胞。这个月就有一个举世震惊、但注定要发生的消息,那就是我们可以合成生命。在未来几年里,我们不但能合成生命,我们还可以按照规范要求设计它。我相信,你们会看到人类弄懂自己的大脑的那一天。朱尔斯·维恩(译者注:Jules Verne,1828—1905,法国科幻小说作家,被誉为是现代科幻小说之父)、马克·吐温、伽利略、牛顿,所有历史上这些富有探索精神的人也许想活到现在。作为一种文明整体,我们会获得更多的天赋,就像坐在我面前的你们一样,每个人都拥有很多独特的天赋。

你们如何使用这些天赋呢?你们会为自己的天赋而骄傲?或者说,你们会为自己的选择而骄傲吗?

十六年前,我萌发了创办亚马逊网站的念头。这个想法源于这样一个事实,当时的互联网用户每年以2300%的增幅增长,我从来没听说过有什么事情增长如此迅速。于是,我就想建一个网上书店,把数百万种图书放到网上销售,而传统的实体书店很难实现。这个主意让我兴奋不已。那时,我刚30岁,结婚一年。我告诉我的妻子麦克肯齐,我要辞职创办网上书店。当时,这是一个不靠谱的主意,也许会失败,因为很多新兴企业夭折了,我当时对结局也没把握。麦克肯齐对我说,我应该做这事,她也是普林斯顿大学的校友,现在就坐在第二排。我小的时候,爱在车库里捣鼓东西,是个小小发明家。我用填满水泥的轮胎做了一个关门器,用雨伞和锡纸做了一个不太好用的太阳能灶,还做了哄骗我兄弟姐妹的饼铛报警器。我一直想成为一个发明家,爱妻鼓励我实现自己的愿望。

我当时在纽约市一家金融机构工作,那里的人个个精明,我的老板也才华横溢,我很敬佩他。我到老板那里,告诉他我要开一家公司,在互联网上卖书。他很感兴趣，就把我带到中央公园边散步边聊，我们一起走了很长的路，他认真听我的想法，最后他说："这听起来确实是个好主意，但它更适合没有一份好工作的人做。"

老板的意见对我来说有一定的道理，他建议我再思考两天，然后再作最后的决定。在这种情况下，这确实是一个艰难的选择，但是，我最后还是选择试一试。只要我努力了，即使失败了，我也不会后悔。我认为，如果我有了一个想法而不去试一试，这会让我一直纠结。经过深思熟虑，我决定要实现个人的愿望，便选择了一条险象丛生的道路，我为自己的选择感到自豪。

明天，确切地说，你们就要从头开始书写你们的人生了。

你们如何使用自己的天赋？你们要作何种选择？

你们是得过且过，还是努力实现自己的愿望？

你们是墨守成规，还是开拓创新？

你们是过温室里安逸的生活，还是去大风大浪中闯荡？

你们是贪图安逸，还是拼搏奉献？

你们是屈服于别人的说三道四，还是坚守自己的信念？

做错了事情，你们是百般狡辩，还是真诚道歉？

有了爱，你们是畏畏缩缩，还是勇于追求？

你们是谨小慎微，还是敢于冒险？

遇到挫折，你们是退缩放弃，还是不屈不挠？

你们是愤世嫉俗，还是脚踏实地？

你们是损人利己，还是友善可亲？

在这里，我要冒险做一个预测。当你们80岁的时候，静下心来回忆往事，对自己讲述一生中最私密的故事，我想，最充实和最有意义的，莫过于自己一系列的选择。最后，"选择决定了人生"（译者注：法国20世纪哲学家让-保罗·萨特的名言。萨特一生拒绝接受任何奖项，包括1964年的诺贝尔文学奖）。为你们的人生书写辉煌的篇章吧。

谢谢你们，祝大家好运。

德鲁·柯蒂斯(Drew Curtis)

(fark. com 创始人和行政官)

2012 年 2 月 29 日,美国加利福尼亚州长滩

在 TED(技术、娱乐、设计)大会上的演讲

我是如果打败“专利流氓”的

去年一月份,我的公司 Fark. com 被一个叫“鹅莓自然资源”的公司告上法庭,与我们一起被告上法庭的还有雅虎、MSN、Reddit、美国在线、TechCrunch 等一些公司。鹅莓公司声称拥有通过电子邮件制作和传播新闻的专利。这看来确实很搞笑,这种事情竟然可以有专利保护。但是,类似的事情却时常发生。

把已有的东西作为新技术申请专利,诸如网络电话,或者是用手机播放电视或电台节目等,这些专利带来的问题是,整个机制模糊不清,专利系统失灵,其结果是,大量专利案件不得不在庭外和解。但是,庭外和解协议都是保密的,别人不知道协议条款是什么。就这样,“专利流氓”就可以对外宣传称他们赢得了官司。

在“鹅莓自然资源”这个专利案件中,用电子邮件发布新闻专利就有致命的缺陷,因为这让我自己也卷入了这场官司。在主流媒体世界,对新闻发布只有一个定义,那就是发布新闻稿或通讯稿,简称 P. R.(译者注:*press release* 的首写字母)。现在,我的公司 Fark,看上去是处理一些新闻,但不是发布新闻,因此没有违反这个专利。那么,官司该终结了,是吗?不对,官司并未因此终结。

专利法存在的一个最大问题是,当你被“专利流氓”起诉后,被告对没有侵犯该项专利有举证的责任,换言之,你必须自己证明你没有侵犯原告在诉状里所称的你侵犯了他的专利,这要花费很长时间。我告诉大家,在众多“专利流氓”案件中,被告赢得官司的平均诉讼成本为200万美元,要花费18个月的时间。这就是你被一个“专利流氓”告上法庭后的一个最好的结果。

在我的这个专利官司中,我曾希望和涉案的一些大公司联手打这个官司。但是,它们都一个接一个地选择了庭外和解,尽管没有一家公司侵犯了原告所称的专利,它们都没有侵犯这项专利。它们选择和解的原因很清楚,就是因为和解的费用比赢得官司所花费诉讼成本更低,在一些官司中,和解的费用要比通过诉讼赢得官司的费用少200万美元,当然,如果输掉官司,那就更糟糕了。打官司还要牵扯公司管理层的太多精力,尤其是那些像我这样的八人小公司。

我们被诉6个月过去了,终于进入了互相举证阶段。在互相举证阶段,我要求“专利流氓”提供我们公司网站的截屏,以证明我们确实侵犯了他们的专利。当时,也许他们根本就不存在这样的截屏,鹅莓公司突然要求庭外和解。他们的律师说:“哦,是这样,我所代理的公司正在重组,我们想尽快了结这个案子。所以,希望你们给我们一个你们能接受的最终报价。”我知道,鹅莓公司的地址是在洛杉矶北部一个不大的商业区内,而且连一个雇员都没有。我的回答是:“我的报价是一分钱都不给!”其实,我当时对这样的结果也没抱多大希望,可他们竟然接受了我的报价,并没为此讨价还价。

那么,我之所以向你们披露这个专利官司的和解协议内容,是因为我们的和解协议没有保密条款。你们会问,和解协议怎么会没有保密条款呢?是这样的,在和解阶段,当我收到原告草拟的和解协议时,我把保密条款给删了。我的律师说:“如果这样,恐怕就达不成和解协议了。”当鹅莓公司把我改过的协议送回时发现,他们签字了。这究竟是怎么回事?你们可以问问鹅莓公司,因为他们同样没有保密条款。

现在,我从这个案子中学到了什么呢?我认为,我学到了三件事。

首先,如果有可能的话,尽量不要质疑原告提出的专利,不要纠缠于专利本身,而是要证明自己没有侵犯专利。专利是很难被推翻的,但驳回侵权指控则相对容易。

第二,从一开始就向对方表明,要么你压根就没钱,要么你会不惜一切代价让你的律师把这个官司打到底,也不会通过庭外和解给他们一分钱。这往往很奏效,因为“专利流氓”只能获得和解金额的一个百分比,如果明确告诉他们,和解不会给他们一分钱,他们也就对诉讼不感兴趣了。

最后,要让他们知道,你不怕这个官司,你会把这官司一直拖下去,让它很烦人,很让人头疼,很难处理。这本来是“专利流氓”一贯采用的让对方妥协的策略,现在以其人之道还治其人之身,因为他们赢得官司的可能性很小,所以,这种策略反过来用在他们身上也很奏效,一定要记住这一招。

那么,我刚才说了这么多究竟想表达什么意思呢?现在,我就总结一下,其实归根结底就一句话:不要与恐怖分子谈判。“专利流氓”每年对美国经济的危害远远超过历史上任何一年的国内或国际恐怖组织对美国造成的危害。这些“专利流氓”用敲诈来的钱干什么?他们用这些钱继续打更多的“专利流氓”官司。

在本次演讲中,我也想对我们的专利体系提出一些解决办法。在目前的专利体系内,有两个行业集团对这个体系有不同的利益出发点。医疗保健行业希望专利法加大对发明人的保护力度，而高科技行业则希望专利法加大对生产商的保护力度。虽然这两个行业集团的诉求并不一定对立，但两者之间却存在着利益分歧。正因为如此，“专利流氓”便在两者之间的分歧地带求生存。

很遗憾，我能力有限，还没想出彻底解决“专利流氓”问题的办法。但是，我确实有个主意，这是个很好的点子，我认为应该给这个点子申请专利。注意，专利侵权所诉的移动设备，就是诉不可移动的电脑。我的解决方案是：给我这个点子授予专利权，我就把那些“专利流氓”一扫光。

谢谢大家。

俞敏洪

（新东方教育科技集团董事长兼总裁）

2009年3月11日，中国北京

在清华大学创业创新领导力论坛上的演讲

当我最惨的时候

我觉得这个“惨”是要有对照的。比如说我从小在农村，一岁到十八岁没吃过几顿肉，但是我一点都不觉得惨，因为周围的人都是一个样子。现在好多同学感到心里不平衡，不是说你过不下去了，而是你看到边儿上的同学比你多交过两个女朋友，你就想：“哎，兔崽子凭什么比我多交两个女朋友？”再比如他比你多穿了一件名牌衣服，你才觉得你们家是贫困家庭。我当时进北大的时候也有这样的感觉，因为当时家里很穷，我穿的衣服几乎都打着大补丁，我们那个体育老师从来不叫我的名字，一直都是：“哎，‘大补丁’，出来做个动作！”而我的同学里有几个是部长的孩子——当时还没有企业家，但是有很多是有家庭背景的，包括教授的孩子等等。一开始是有很多心里不平的，但是在大学里你要慢慢地调整好心态。

我们当时的攀比也不那么强烈，我们当时攀比的是谁读的书多，谁在同学面前发表的观点受重视，谁写的诗多——我们大家当时都比着写诗，因为当时写诗好容易找女朋友。但是我比较悲惨，从诗歌的总量来说我写得最多，写了600多首诗，但是没有吸引过一个女孩子，也没有出版过一首诗。像你们现在的女孩子，可能会说诗人与穷人没有什么区别，除非那种用诗歌真正打动了你的心的人，但现在写诗打动人心的好像不是很多。我们班当时有一个著名诗人，现在在文学界还比较有名的，他的笔名叫"西川"，不知道大家读过他的诗歌没有，他的真名叫刘军，他当时在北大开个人诗歌朗诵会，我也去听，朗诵完了以后发现"哗啦"一下，五六十个女孩子追着他走，结果我就追着五六十个女孩子走……我是个非常蹩脚的诗人，如果我写诗成功了就不会放弃文学了。但现在回想起来，当个蹩脚的诗人特别的好，为什么呢？因为终于发现自己不是那个料，所以才有了新东方的今天啊！人啊，一方面，努力会使你进步，但更重要的是发现你的天分。后来我发现我的天分是做培训。有时候，你喜欢的并不是你这辈子就能做成功的。比如说，我到今天还是很喜欢文学，但是我只把它当作我的业余爱好，不能靠它谋生，如果我靠它谋生的话，现在可能就饿死了。

不管你是想创业，领导一个企业干，还是未来想成为一个政治家，还是想要在某一个事业中取得成功，除了天分之外，还有很多重要的东西。如果没有天分，那么这些东西就更重要，它们是我们的韧性、耐心、耐力、持之以恒的精神。在我经过一些事情以后，我发现持之以恒比天分还要重要，坚持到底就是胜利——当然，也有坚持了最终失败的。

爱情与婚姻

男人没有女人活不下去。当然，女人没男人也活不下去。我发现女人的温柔与男人的有出息，或者说成长，是成正比的，也就是说男人越成长，女人对你越温柔。我老婆现在对我很温柔。所以当你找到一个老婆对你很凶悍的时候，你自己也要反思一下，到底是老婆真的凶悍还是你自己没出息。

我们经历了起起伏伏的阶段，我刚开始在北大当老师，她是大三的学生，不是我的学生，她算学妹。在这边顺便讲一下，在某些规矩上，美国比中国更加明确。比如说教授是不允许找自己教的学生的，他怕你写论文作弊啊或者给一个高分数之类的。但是，我认识的几个大学老师就找自己的学生结婚了，中国好像要更人性化一点。我当时处在到了 25 岁还没有女朋友的焦虑状态，因为我肯定是一个正常的男人，这不用说了啊，满北大追着女孩子跑。我老婆呢，后来是被我盯上了。我就在路上看，她长得还是比较漂亮的——毕竟你自己要看着顺眼嘛。最后我就跟了三个月，找到一个机会跟她谈了话。又过了几个月，她觉得我这个人还不错——就跟了我了。在大学的时候对我还挺温柔的，我好像还有点高高在上的感觉。后来我发现，婚姻是一个绝对的分界线。结婚以前，爱情都是有点那种不真实的感觉的，爱情可以不计后果，但是结婚以后就会有很多现实的问题。有一句话说得好，“婚姻是爱情的坟墓”，绝对是的。但是你还不能不结婚，为什么呢？因为如果你的爱情没有坟墓的话，就死无葬身之地了！对不对？

钱对于爱情和婚姻来说，也许是能够起到一定作用的，但是对于爱情和婚姻的美好和持久是不起作用的。我做过一个调研，有钱人的离婚率比没钱人的高。没钱的话，大家就相濡以沫，同甘共苦，反而能够产生比较深刻的感情，而一旦有钱以后呢，就各自有主意了。

我结婚以后，因为不成功，也没钱，而且联系出国四年都没有成——我老婆是 1988 年和我结婚的，眼巴巴地等我到 1991 年，等了四年的时间，我就是出不了国。我老婆觉得找了个挺没有出息的男的，就开始变得凶悍了，说话老有一些威胁性的元素在里面——再不怎么怎么样，我就和你怎么怎么样！每次都把我吓得半死不活。

当时我老婆对我是高标准严要求的，我就拼命地努力。第一步努力就是拼命想出国，没有成功，我就转了个方向努力。第二个努力就是我必须要让家里有钱花，这样我就可以使危机感更加往后延续一点，尽管当时我不觉得能够解除这个危机感。当时有钱花的标志其实挺有意思的，我老婆是天津的，我是江苏的，我在长江边上，她在海河边上，所以都喜欢吃鱼。我们两个都是工薪阶层，都是大学里的普通老师，因为没有钱，我当时买鱼就专门买死鱼，因为死鱼只要两块钱一斤或一条什么的，活鱼就变成了六、七块钱。我记得的一个转折就是，我到外面上培训机构的课以后，开始是一二百块钱一个月，后来就变成了六七百块钱一个月。当时我老婆在中央音乐学院工作，我在北大，我们住在北大的宿舍里面，所以她从中央音乐学院回来以后肯定不能给我做饭，晚上一般我就负责做饭。记得有一次回来以后，她发现鱼汤是用活鱼做的，就很开心。那天晚上好像就变成了我们生活的转折点，从此以后她开始对我变得温柔了，因为能吃到活鱼了。

后来一直做培训班，到了 1991 年底，我就从北大出来了，先在别的培训机构待了两年，到了 1993 年的时候办了新东方。当时办新东方没想到会有今天这个规模，当时想的只有一个目的，那就是赚够自己自费留学的经费，再到国外去读书，大概需要两万五千美元左右。两万五千美元在当时也挺厉害的了，接近二十万人民币了，所以我觉得要干个两三年。等到真开了新东方以后，学生就越来越多。我在 1995 年年底拿到了美国大学的录取通知书，却舍不得走了，就决定倒过来做。我决定留在中国，把新东方做大，觉得挺孤单的，就去美国走了一趟，把我觉得有才华的北大同班同学请了回来。

家人与哥们儿

我的创业分为两个阶段。第一个阶段实际上是新东方的家族阶段，第二个阶段是新东方的合伙制阶段。新东方总共经历了四个阶段的发展：个人和家族阶段、合伙制阶段、股份制改造阶段以及国际上市阶段。现在新东方是第四阶段，因为已经是美国的上市公司了。

第一个阶段，刚开始实际上就是我一个人在干。从北大出来了没事干，我就早上去贴广告，下午坐在那儿等学生来，晚上到别的培训机构去上课。后来慢慢学生就多起来了，我发现忙不过来，也没钱请别人来帮忙，就跟我老婆说，你看我们现在自己办学校好像没有问题，你在中央音乐学院那么辛苦，每天要骑自行车去上班，挺远的，你就干脆不做了，看你人长得又不算太难看，往前台一坐，说不定能多招几个学生呢，是吧？后来我老婆就真的从中央音乐学院辞职了，1992 年辞的，和我一起干到了 1996 年。她管行政、后勤、招生，我管上课和教师质量。在这个过程中，还插入了一些家族因素，我老婆的姐夫、我的姐夫都到新东方来工作了，虽然他们都很能干，但这已经很明显带有家族倾向了。至于我妈，她倒是没有参加过新东方的具体工作，她是觉得儿子在新东方能养活她了，就给我做饭来了。她这一来带来两个大问题：第一就是我们家就一间房子，我老妈和我们睡一间房，我跟我老婆晚上根本就没有空间在一起，这是个大问题。大家知道，其实中国的婆媳关系是很麻烦的，我老妈个性比较强，我老婆个性也蛮强的，两个个性强的女人在一起——大家应该知道是什么结果了。所以总是有一种疙疙瘩瘩的感觉在里面。第二，我老妈以前是农村妇女队长，特别喜欢干活，一看新东方地脏了没人扫，她就要扫地。我想老太太要扫就扫吧，可是她扫着扫着就领着新东方的人在干活了。老太太能很自动地就变成领导人——说实话，我身上有一点点我老妈的特点，能够通过努力干活使自己变成一帮人的领导。老太太是我妈嘛，有时候会干预新东方的一些事务，后来新东方内部因为我老妈弄出一些疙疙瘩瘩的矛盾。但是这在 1996 年以前不是什么大矛盾，因为那时候新东方本来就是一个家族，就是大家一起干。到了第二个阶段，就是从我 1995 年年底去美国到 1996 年初我那帮哥们儿从国外回来，而且他们有很多是放弃了重要的职务回来的。比如说王强，在贝尔实验室工作，年薪接近 8 万美金，跟我喝了两天两夜啤酒就糊里糊涂跟我回来了。

其实在大学的时候，我的同学都不认为我很能忽悠。我在大学基本上没有任何机会参加学生干部活动，也没有机会在公开场合讲话，而且学习成绩也挺差的。其实我给全班同学留下的印象就是俞敏洪是个特老实的人，也是个挺没出息的人。其实这种印象留下来以后呢，给我后来到外国去找他们，带来了一个良好的后果：第一，他们突然认识到，我们班当时最没出息的那个人，没有出成国，在中国赚的钱竟然比他们还要多！他们是这样想的：像俞敏洪这样的人在中国都能赚到钱，那我们回去还不发啦？第二个好处，就是他们觉得我是个挺老实的人，如果我说回去能做成功，那就一般能成功，我不是那种空口说白话、随便瞎忽悠的人，因为我在大学里没有给他们留下这个印象——他们没有想到跟他们分离十年我已经彻底改变了，哈哈，从一个不会忽悠的人已经变成了忽悠专家了！当时他们没有明白，等回来以后发现自己上当了。他们问我，他们的办公室在哪里，我说在违章建筑里。他们说他们的汽车在哪里？我说总共就一辆天津大发。最后一人骑着一辆破自行车叮叮当当就开始上班了。当时我跟他们说发工资是没戏的，但是我们新东方还有好多没有开发的项目，当时只开发了一个托福项目，还有像国内考试、GRE 项目、翻译等等。我就给他们描绘了一幅美好的蓝图，后来他们就回来了。回来以后，我知道必须以一种特殊的方式把他们留下来。我要给他们开工资肯定是不行的，也没有那么多钱，我就说："既然咱们是哥们儿，原来也没有什么上下级关系，现在新东方虽然表面上是我的，现在你们一块儿来就是大家的了，所以咱就把业务划成版块，执行'包产到户'政策。"这是什么样的政策呢？就是给你一块地，你爱种不种，但是农民都会种的，因为不种终究没有粮食吃了。所以呢，农民就包产到户，一直到今天种粮食还种得挺热闹。

当时新东方没有股份化，我们也没有想过要长期一直干下去——只是希望通过新东方的平台让大家一起富起来，因为他们当时回来也还很穷，当然也是为了大家一种模糊的事业感。这样，我们就开始一起演讲，一起策划新东方。大家一起干完以后,把所有的成本付完了,把国家税收付完了,该拿的钱全部拿走。我跟他们说了,我一分钱也不要,我要的就是大家天天在一起,大碗喝酒,大盘吃肉,然后再一起把新东方做好做大,以后我们回顾这一段人生的时候,确实感到痛快就可以了。其实从 1996 年开始,直到 2000 年,新东方急速发展,就是因为有这样的一股力量,一种做事情的豪气和大方在里面。

到了后来,大家知道,包产到户嘛,小农经济,这个结构等到大发展的时候肯定会出现问题的,但是当时没有出问题。实际上,结构和你发展的现状必须是配合的。如果说你的发展还没有到达一个点上,你就开始想把最好的组织结构放进去,这就把你的发展机会给扼杀了。但是,当你发展到一定的程度,没有组织结构来进行提升,也就死定了。他们回来的时候,新东方其实还很小,总收入一年才有几百万,我要是给他们股份让他们弄的话可能早就散架了——因为一旦股份化,所有的职位都会正规化,然后谁拿多少工资,谁拿多少奖金,谁来干什么都是一定的,当时做不到这一点,而且不能激发大家的积极性。当时的目标也没有像现在这样复杂,当时的目标其实非常简单:既然不出国了,就想办法多赚点钱。他们回来其实也是这种想法,就是赚点钱,而且一帮哥们在一起也不容易,大学的友谊,隔了快十年了又聚到一起去了,所以大家都觉得做得挺开心。这个结构的好处就是新东方急剧发展,总共五六年的时间就从年收入几百万一下子冲到了几千万,这在当时已经非常厉害了。害处就是后来引起了新东方内部的巨大矛盾。

我的这些大学朋友回来之后,带来了很多新的思想,也给我带来了原来意想不到的麻烦。他们进来之后,做的第一件事情就是驱赶我的家族成员。这个让我感到很痛苦,我想:这帮兔崽子,怎么一来就要把我家里人赶走呢?但是我也特别能够理解,为什么呢?如果我和他们吵架——不管是因为业务问题还是其他问题,我们都是平起平坐的,不管说话说到多么凶,都是哥们儿,不会最后出问题的。但是我老婆在边儿上不冷不热地说上一句她认为很平常的话,他们听了以后可能就会觉得很受侮辱。我是习惯被侮辱了,我老婆说话是不是侮辱了我，我根本就听不出来，但是他们不行。如果新东方想要做长久的话，不能有女人干政。但是我又怕我老婆，怎么能让她走呢？后来我就和我老婆说，你看咱们新东方未来要做大吧？她说是啊，这是我们的命根子啊。我就说，你看咱俩现在的能力，做大新东方有点力不从心。她说，倒也是。我说，我们两个人有一个先出去读书吧，提高能力。我老婆就说，那你先出去吧！我说不行啊，我先出去了，这一帮兔崽子心怀叵测在你身边你哪受得了啊，对不对？不如放我先对付他们一阵子，你先出去读书吧！也不知道我老婆是怎么被我忽悠的，1997 年底就真的跑到国外去读书了。她出去读了两年书，我们这边也差不多改造完了。她回来后说，我还能不能去新东方工作？我说你看我们现在这个结构，你回来好像不大合适，你先在国外工作两年，学学东西方文化融合的本领吧。我老婆说，那就再待两年吧。然后过了两年，我说，咱们会再要第二个孩子吧？她说，是啊。我说，那我们生完第二个孩子再回去吧。所以我老婆就给我们生了个儿子。

对付我老妈，我发现麻烦要大得多。我老妈当时在新东方做一些后勤工作了，她老人家平时说话就更没有顾忌了——我妈经常说“老娘是新东方的妈”，哈哈……最后我也发现了一个问题：我的家族成员在新东方工作，新东方的其他一些管理者，当然不是我从国外回来的那些同学，而是土生土长的管理者，他们也把自己的家族成员弄进来了。我觉得不对头，因为这样就形成了新东方一个家族一个家族的小版块儿。我想让他们这些家族成员走，但是我开不了口，为什么呢？因为我想这个不公平啊，尽管说新东方是我创办的，我可以说你的家族成员不能待，但是我觉得这样不是做事的方式。我发现这个事情如果不纠正的话，新东方就会形成一个个小团体，最后你想整顿会很难。但是要整顿就得从我做起，也就是说先把我的家族成员全部请走，于是我在朋友的支持下下了一个命令：在新东方只要家族相关的成员就不能待。后来是执行了，先由我来做，这一段历史比我做新东方任何一段都要艰难，原因我的家族成员除了我姐夫在新东方的书店当经理以外，其他基本都是扫地的。就是说,好不容易在这儿找了一份工作,没有任何话语权,还不能在这儿干。你想我是农村来的,农村有一大堆的村民,他们就会传:俞敏洪这个人好狠心啊,人家好不容易能够混口饭吃了,最后你又把人家赶回去,这让人家没法活了!还有,我老妈也必须被清除掉,因为我老妈在新东方什么都插手,也算是重要家族成员。而我从小就是那种我老妈一说话就"扑通"一声跪下去的人,让我清除老妈比让我登上月亮还要难——一看到我老妈不高兴我就会发抖的,一直到现在还是这样。农村的这种教育方式,孝顺是第一位的,而且我老妈也比较有个性。后来下了狠心了:清不动也得清啊!清完的结果是我老妈半年不允许我回家吃饭。

后来我发现,一个人如果坚定并且坚持了,最后还是会有结果的。我可以在我老妈面前跪下去,就是亲戚朋友坚决不能再进来。大概用了几个月的时间,这个事情做完了,新东方的其他管理者一看,俞敏洪动真格的了!结果,新东方下了一条行政命令:任何人,只要是在管理层面上的,直系亲属就不允许在新东方工作,如果一旦发现这种情况,连亲属带管理者本人当天开除。后来新东方还真出现过这样的情况,把自己亲戚朋友、兄弟姐妹的名字改了一下,又放到另外的地方去,大家也不知道这是他的亲戚朋友,后来被新东方查出来当天就开除了。这一关当时我没过的话,绝对不会有新东方的今天了,也绝对不可能上市的。

新东方发展中遇到的第二个问题是随着新东方的发展,原来的那种合伙制行不通了,需要发展新的组织结构。我当时和那帮哥们儿的股份还没说清呢。而这一关呢,他们的眼光有一点超前,我的眼光有一点滞后,所以新东方有句话:一只土鳖带着一群海龟在干!包括今天,我原来的那帮哥们儿已经不在新东方的管理层了,现在新东方的高级管理层有九个人,六个是海外留学回来的,有两个是纯粹的外国人,只有我一个人没有出国读过书。所以新东方一直延续着一只土鳖带着一群海龟在这干的传统。从2000年开始,新东方的结构出现大问题,整个过程我就不再详细说了,也没有什么太多的意义。这其中的原因，就是股份没说清楚。但是我也觉得就是到了这个时候，才能开始说清楚。究竟出现了什么问题呢？就是每个人管的那一块都做得很好，但是后来新东方新的业务版块出现了，而且这些版块大家料定了能够做大。那么这些版块给谁做呢？就没有办法了。说给俞敏洪做，他们可能会说新东方整个品牌是我们一起创起来的，为什么这个版块给你做呢？给王强做，也会说那凭什么给他呢？对不对？说给小平，那也不行啊……但总得有一个办法吧，大家就说，旧的先不动，新的版块我们股份制吧。所以新东方就出现了很多股份不一致的股份公司，比如说用不同的股份搞图书、搞电脑培训……最后利益就相互扭着了，而且每个人还有一块自留地在那儿拼命地干，最后整个结构就不对了，大家也很迷茫、很痛苦，他们得出一个结论，就是俞敏洪这个人没有领导才能，才导致我们今天这样的结果。因为我们不懂，就请外面的咨询公司，咨询公司说你们这样是不行的，把所有的东西统统都合到一起，形成一个大的股份公司，最后你们就变成一个大型机构了。我觉得有道理，所以就把我们之前个人的东西再合起来，一些小股份公司再重组股份，全部揉在一起。怎么揉呢？首先需要解决的就是谁占多少股份的问题。我们关起门来讨论了两天，有了一个结果：新东方的原始股东，就是新东方参与创业的十一个人。然后十一个人就分配，当时咨询的人说，俞敏洪你自己至少占55%，否则这帮小股东每天跟你不开心，他们手里有超过50%，一生气就把你推翻掉了！当时我就说了一句话：如果我管新东方需要用我的股份控制权来管的话，我就不要新东方了，我要把新东方做大，一定是通过我的个人影响力和大家对我认可的地位。

这个我是有自信的，但我在北大上学的时候没自信，是后来在北大当六年老师的时候开始产生了自信。其实本来我没有想到自己会当老师，但是当了两年以后发现自己还是挺受学生欢迎的，学生的眼神给了我自信。办新东方的时候一开始我也是没有自信的，因为一开始我自己一个人糊弄嘛，也不需要别人参加。结果到后来我那帮哥们回来的时候，新东方已经办得挺好的了,我就对做事情又产生了自信。但是这个自信在那帮哥们回来以后就彻底被打掉了,因为我做任何事情他们都骂我,他们要实在没理由骂我就说我是个农民……这也是我没有办法的,毕竟他们在国外待了很长时间,而我连国外的影子都没看见过,除了去了一趟美国把他们请回来以外。所以我看到他们那些喝了洋墨水回来的人会害怕,总觉得他们肚子里装的东西都比自己要厉害、要新颖。后来慢慢发现,其实人的智慧和经验是分两方面的,一个是实践智慧,一个是理论智慧。我是实践智慧多于理论智慧,我的理论智慧可以从其他人身上吸取,因为我有一种勇于接受别人批评的态度。

成立了股份公司,股份是分完了,分完以后就出现一个问题:既然成立了公司而且公司要发展,当时我们也已经有咨询公司了,如果我们好好做,新东方说不定以后会上市——尽管我们根本不知道上市是怎么回事,但都知道上市就发了。一鼓动,大家就说好啊,就股份制了!分了以后,公司如果要发展,就需要有利润的,但是大家想一想,前面新东方的结构是什么?包产到户,把所有的费用成本都弄完了以后,利润全部拿走。现在要有利润,就意味着现在不能拿走钱了。这就出现一个情况:突然发现个人没收入了——原来我干了一年以后能拿三十万五十万,怎么现在我干了一年才能拿十万了?股份制不是发财的嘛,怎么钱越来越少了?这是一。第二,大家发现,原来什么东西都可以自己说话算数,现在不行了,为什么?有公司结构了。还有,原来我们这帮人是没有上下级关系的,他们一直感觉俞敏洪是他们的下属,因为我上大学的时候他们都是我的班长、团支书甚至老师,怎么公司一结构化就变成董事长了呢?而且还兼总裁。当然了,这还好说,因为不管你怎么没出息都是新东方的创始人——他们说,你是新东方的father,我们是新东方的uncle。但还是出问题了,知识分子嘛,都要面子,原来是不分类的,现在就要有副总裁、常务副总裁和一般副总裁了,有第一副总裁还有第二副总裁……完了之后,工资也有区别,总裁的工资总比副总裁高吧。新东方很有意思，本来大家都是骑自行车叮叮当当上班，都还挺高兴的，为什么呢？骑自行车就是为自己干嘛。新东方变股份公司的第二天，就进了 11 辆小轿车，一人一辆。有了车以后大家反而不干活了，因为不知道去哪儿干活，干了也不知道钱到谁的口袋里去。大家虽然股份都占到了，但是股份不等于钱啊，就觉得不行。后来想来想去觉得不对：虽然我们现在改造了，但好像上俞敏洪的当了，俞敏洪表面上在推动改革，实际上用股份把我们架空，然后把钱都装进自己口袋里了……

实际上，我们是在没有制度的情况下突然间就结构化了。那个时候新东方有控制，但是不是像现在这么现代化。也有人管着财务，但是那个财务人员是当时我招进来的。他们说，这个不行，谁知道背后俞敏洪得拿走多少钱，要求换财务人员，就换了。他们后来又觉得俞敏洪当总裁对新东方的发展起不到推动作用，因为观点确实太落后了，就说咱们让俞敏洪下来吧。开董事会说下不下？我说可以啊，所以董事长就下来了，总裁下来了，后来连北京新东方学校的校长都不让当了，我就变成了北京新东方学校的一个国外考试部主任兼国外考试部老师，天天背着个破书包去上课。他们开总裁办公会我进不去，因为没有职位……我当时还占了 45% 的股份，但坦白地说我不想用那个权力——我当时有一个比较清晰的思路：我们吵归吵，但谁都没有伤害新东方业务这一块的重大发展，也就是说我们的员工不知道我们吵成这样，完全不知道。我下来就下来，但是我们要想办法把新东方弄好行不行？我觉得我们这一帮哥们儿在一起不容易……最后我们这一帮人做得还是挺不错的，大家都耐下心来，虽然也吵架也争论，但最后慢慢地有了那么一点点的融合。到 2004 年年底的时候，新东方的整改基本上结束了。从 2002 年到 2004 年，新东方的总裁和董事长都是别人在当，他们轮流当，轮流坐庄，一个人上去做了几个月之后就说，这位子不是人坐的！就换了一个，换上去做了几个月之后又说不是人做的……到了 2004 年底的时候，终于又回过头来说，老俞啊，这个董事长和总裁，发现没什么意思，还是你回来当吧！我说，回来可以，但我们得有一个规矩了。我非常尊敬我这帮朋友，也特别怕他们，因为他们一讲话滔滔不绝，还全是引用西方思想之类的，我就特别自卑。我说，你看我们不容易，闹了这么多年还没散，让我上来也可以，但是为了保持新东方的稳定发展，两年之内不要再让我下来了，好不好？

大家在一起合作创业的时候，可以在里面当着面指着鼻子骂，但一出那个门，大家说的全是好话。新东方就是这样的，我们把办公室的门一关，在里面吵得死去活来，掀桌子……但一出去演讲，同学们发现我们就是天衣无缝的哥儿们关系。因为你当面把话说完了，背后就没什么好说的了，所以很少会在背后再去说坏话。这一点很重要，尤其是大家长久在一起的时候，一定要有这一点。

上市风波

新东方内部有一个特点，从来不使用股份投票。虽然现在是上市公司了，也很少用股份说话，而且我现在占的股份比较少了。上市公司如果要通过股东大会表决的话，那管理层基本上也就完蛋了。但是，选举董事会成员要走这个形式。我算是从一个创始人变成了一个比较彻底的职业经理人，现在算是个打工的了，尽管在新东方还占有股份，但是新东方的流通股已经占到了百分之八十，这些股份就掌握在全世界各族人民的手中。

新东方自从经济危机以来，一直是排在世界前十位的抗跌股份公司，一直到今天，特别稳定。当然这跟我们的努力有关，新东方的人都能讲英语，哪个投资者打来电话，我们就哇啦哇啦讲一通，然后想卖股票的听我们一说就晕了，不卖了。

而且新东方还有一个好处：学生都是先付学费再来上课，不会出现现金断流的现象，也就不会出现倒闭的现象。有这么一个基础在这儿，股东们觉得很踏实，而且他们发现我身体比较健康，所以也比较放心。这个特别重要，一个老总的身体如果出问题了，股价常常掉一半。

后来新东方的结构改造完成了，虽然大家前几年拿的钱不如个体户拿得多，但是外面来的对新东方的定价是有价值的。当时新东方内部人员什么都不懂，我们就决定吸引外面懂行的人来，把股份出让一部分。我们找啊找，最后在2002年的时候，找到了一家养猪的上市公司。这个老总还挺懂企业经营的，从一头猪养到六十万头猪。当时，我们新东方开的价格很低，内部定价是百分之一的是一百万，百分之十就是一千万，等于新东方就值一亿个人民币。我们还说外面的人进来我们要加点价，就加到了一千六百万，给他百分之十。那个老总还很高兴——“新东方名气很大，一千六百万占百分之十，我干了！”拎着现金就过来了。过来以后，他说这个钱给你们之前我要参加你们的董事会，看看你们董事会是怎么议事决策的。结果我们董事会从早上八点开到晚上十二点半，讲的只有两个议题：人生和哲学是怎么回事。这个养猪户就懵了——新东方的董事会怎么是这么开的，这个钱给你们还不泡汤了！接着就拎着钱跑了。

后来到了2003年，有一个个人投资者又提出要投资新东方。我们说我们涨价了，不能那么便宜了，我们百分之十应该要两千五百万人民币了。人家说两千五百万人民币没问题啊，接着也来开了一个董事会，那个人懂黑格尔和尼采，但是后来他说你们为什么不讲亚里士多德？这个不是一回事啊，你们怎么把商业经营跟文学、感情纠葛、弗洛伊德、潜意识都放在一起了！然后他们就开始用潜意识分析俞敏洪这个人心地本身是多么的不善良之类的，把那个个人投资者听火了，最后走了。

到了第三年，也就是2004年，新东方遇到了一个很大的风险。我们两次融资都泡汤了，我们就不懂，为什么外界不懂我们这些崇高的人呢？到了第三年，来了一群某个中国证券公司的人。我们又涨价了，要一个亿给百分之十五。他们就扔进来了，他们说新东方要上市。我说好啊。他们说要上市的最佳方式就是买壳上市。我不懂什么是买壳上市，他们说买壳上市就是把你的公司放进一个已经上市的很糟的公司上，然后清理这个公司，你的公司就变成了上市公司。我就问变成上市公司有什么好处呢？他们说可以赚钱了。那买壳上市之后我的股份到了这个壳公司之后能卖吗？他们说，因为中国有法人股，还不能卖。那我难道一分钱也拿不回来？他们说可以增发。我就问增发批起来容易吗？他们说可以批，排队，批起来要两三年。我听说很多壳公司里面都很烂，进去以后都出不来。中国最早的软件公司科利华，把自己装到了阿城钢铁这样一个壳公司去，他们公司的老总还跟我说这个上市公司好啊，你看我现在都敢吃鱼翅了……过了一年，我发现那个公司就被壳公司吃掉了。我问他们：你们给我一个亿买壳上市，这个股份还要降低，你们靠什么赚钱啊？他们说：我们就是出于对中国教育事业的热爱，帮你一把。我一听，这个话不对头啊！后来打听了一下，发现这个壳公司的二级股票都被他们买完了，就是说这个公司在市场上流通的股票都被他们买完了。比如说一块钱人民币，他们买了几千万股。买了以后如果把一个好的优质公司往壳里一装，那个公司的股票一下子就变成 10 块钱、20 块钱一股了，这样他们一出手，10 倍的钱就赚回来了。他们给新东方 1 亿，他们在外面能赚 10 个亿、20 个亿，然后新东方是死是活就可以不管了。我研究到这一步，就告诉他们：新东方决不能买壳上市，要上我们就要有点耐心，我们慢慢一步一步研究在中国、在国际怎么上市。不管他们怎么忽悠，我一直坚持，没有搞懂的事，决不会迈出步伐。这些人自己也没钱，是向银行贷款一个亿给了新东方，到了年底，贷款期限到了，他们就要把钱收回去。但是，按照合同，这个钱是不能拿回的，因为都已经变成了新东方的钱了。他们说，你看俞老师你也是个好人，既然不想买壳上市，就把钱给我们吧。按照合同要扣 1500 万，他们就问能不能不扣。我说我也不缺你们的这个钱，就都拿走吧。他们拿走了，过了一个礼拜，他们老总又打电话说，你看那个利息能不能也给我们。我又把利息打给他们了。后来我发现，新东方真的做了一件好事：第二年三月份，那个公司就出事了。我出了一身冷汗，因为他们的账本有新东方的股份，检察院跑到新东方来调查是怎么回事，我们把所有的证据给他们看，说这个事情已经了断了，这才救了新东方一命。

从此以后，我们就不敢再接受中国人的钱了。在某种意义上，国际资本好得多。外国公司也有骗人的，但是我们要做就找第一流的名声好的公司做。后来新东方碰到了老虎基金。因为老虎基金的主任是我在北大的学生，而且是个女的。我这个人一碰到女的，就一点辙也没有。但更重要的是，因为是自己的学生，所以她能跟你讲知根知底的东西。她对我也非常信任，因为她从学生开始到后来出国上托福班都是我教的。她就说，俞老师，我对新东方不了解，但是对你很了解，知道你是一个很好的人，所以新东方10%值多少钱，我们就给多少钱。当然，我们不能开天价，我们开了3000万美金。这3000万美金第二个星期就打到新东方账户上，新东方从此就开始了国际化的运作过程。先进钱，后审计。后来新东方上市以后，他们赚了几亿美金。这就是新东方的融资故事。

在上市过程中，我有一个前提，从做新东方开始我就知道，我自己怎么样没关系，但是新东方最好不要倒下去或者是不发展，因为它是从第一个学生做起来的，我对它真是充满了感情。所以任何对新东方有危险的事情，我就会特别的谨慎小心，一直到今天为止还是这样。

另外，从新东方上市起，我就没认真看过新东方的股价。我认为新东方的股价跟我是没有关系的，除非哪天我想卖自己的股票了。因为股票掉到1块钱最后又涨到100块钱，对我来说是一点意义都没有的。现在新东方的市场价格是60多美元一股，市场价格要换成现金才是钱，不换成现金就算起起落落，对新东方的发展也没有什么影响。

聚财为散

因为现在新东方上市了，媒体到处在报道：俞敏洪现在是最富有的老师，这个实际上是挺危险的，我当时就卖了一点股份捐了一点钱。我本身是农村的，对钱不是很贪，但钱是很重要的，一定要想办法赚钱。为什么呢？

钱越多肯定是越好——先不论钱的目的——因为这个世界上你首先要学会养活自己,你就要有钱,你不能靠要饭,对吧?要饭对我们来说并不是最合适的生活方式。你有了更多的钱,你要结婚,要养父母,这是一种荣耀,因为你能生存,你父母安心了,他们绝对能多活很多年。再说呢,你潜移默化就可以为社会做贡献。比如说你赚钱必然要缴税,缴税就是通过社会平衡机制在资助贫困的人或是提供国家所需要的资金来源。我跟新东方的员工讲得特别清楚,而且这也是我真心相信的,新东方不是因为到美国去上市了,而是因为新东方现在总共有 9000 多位老师和员工,每个人背后都有一个家庭,这就意味着稳定 9000 多个家庭的生活的经济来源。也就是说你做大的时候,你会在无形中帮助很多人,这个对你来说也是很值得的。当你真有钱的时候,你才会筹划怎么用你的钱,钱怎么用,都是拉动消费的行为,我的朋友中有的企业家买飞机了,有的企业家买游艇了,有的企业家买别墅了……这也是不同的用法吧。这也无可厚非,因为这是靠他自己的能力赚出来的钱。对我来说,首先,我自己的家庭生活和读书生活很重要。我有钱,要买书,但我现在的钱买书都买不完了。还要有一个舒适的房子,我现在在中国还没有买大房子,不是不买也不是过于节省,是还没有找到合适的。以后呢,还要留下孩子上学的钱——我会想哪些钱是留给自己花的,哪些钱是留给孩子的——万一孩子以后变傻了呢?父母总是会这样想的。

人一定要为自己留下一点感觉。我希望新东方的股价涨了之后,我能拿到钱,把这些钱捐给一个专门建造私立大学的慈善基金,这样这些钱就可以在中国建一个私立大学——当然这个私立大学不会用我的名字来命名。我不想在中国造一个很大的大学,新东方现在在北京附近征了 500 亩地,加上建筑要花掉几亿人民币。合格之后,教育部会给你发一个招收本科学生的文凭。我不想把这个学校做大,每一届学生只招收 1000 人,这样一个校园有 4000 人就可以了。因为我来自于农村地区,所以我的目标是 4000 个学生,有 50% 来自农村地区。我现在也在动员一些企业家:你们愿不愿意一起来支持大学的建设？有不少企业家也表示愿意，因为很多企业家都是还没有生命目标的人，就是不知道他们的钱怎么办的人。我已经知道了，我把钱投资造校园，成立一个学生奖学金基金，像哈佛大学的基金一样。哈佛大学也是从几万美元开始，现在变成360亿美元的，不过今年又变成了200亿美元，亏了120亿。如果这样，这笔钱就可以资助大部分农村地区来的孩子，让他们把学上完。

我发现，生命的路还有很长，一个人一生是可以做很多事情的，经常会有奇迹发生。所以说如果老天再借给我40年的时间——有一首歌叫作《向天再借五百年》，500年当然是不可能的，老天再借给我40年时间，我想我的这个大学能成为中国大学中质量相对不错的一所大学。

我认为中国将来应该会有真正的私立大学教学体系的，而不仅仅有清华、北大这样优秀的公立大学存在。假如说我能奠定这样一个学校的发展基础，等到我死了以后，这个学校还有人在经营，并且这个人希望把这个学校做成斯坦福或者是哈佛那样，这个事情就有希望了。经过几代人的努力，不是我一个人的，而是一代一代的努力。相信我们的私立学校也能打造成“中国的哈佛”、“中国的斯坦福”。

人活一辈子，重要的是你活着的时候你做的事情对你自己来说是快乐的，最好是对社会有意义的，至少是对社会无害的，这样就可以了。现在我可以飞到全国各地去做演讲，做新东方。但是我总有老去的一天，当我有一天老得动不了但还活着嘴巴能动的时候，我可以坐在自己的大学礼堂里，将自己的生命故事讲给别人。这是一个自私的想法，同时又是不自私的。

也就是说，你总得对钱的用处有筹划。我尽量保持开支节约，但我也学会了一些稍微奢侈的生活方式。比如说我喜欢滑雪，滑一次雪要花几百块钱，很多人都得想一想，我就不用想了。我先是学会了双板，接着又学单板，我的单板也滑得比较出色。对我来说，这就是生命张扬的感觉。

总而言之，人最重要的就是保持一种心情。抬头看月，低头听风，这是一种心情;铜琶铁板,驰骋江山,这也是一种心情;孤独生活,认真读书,这也算是一种心情……人有很多心情,但有一点核心是,你自己活得快乐,你自己觉得这样做对你有意义。我觉得这就可以了。这不是说大话,这是我的真心话。这个道理很简单:新东方肯定有倒的时候,肯定有不济的时候,因为进入了商业社会,必然就会有收入下降或者是业绩不佳的时候——资本家就是这么一群人,只要看到有钱赚的时候他必然过来,没钱赚的时候当天就能把你抛弃,他们的身体里是没有眼泪的,只有在他们丢钱的时候,才会感到难过。所以我对新东方的高级管理人员说了,我们为自己而做,我们要为自己鼓掌,因为我们知道每一次努力背后的辛酸,我们也知道每一次努力背后留下了让我们自己感动的日子。

第3篇

企业经济

小宫山英树(Hideki Komiyama)
(索尼公司执行副总裁)

2007 年 2 月 10 日,美国马萨诸塞州剑桥

在哈佛大学“哈佛大学亚洲商业年会”上的演讲

日本消费电子产业在亚洲崛起环境里的转型

女士们,先生们:

今天能有机会就“亚洲的转型和可持续性”话题向大家发表演讲,我感到莫大的荣幸。我在日本电子产业工作了很多年,我仍记得日本电子制造商第一次向美国出口产品、并努力占据美国市场时的情景。

今天,我很高兴地告诉大家日本出口到美国的一个真正的好产品,那就是松坂大辅(译者注:日本职业棒球运动员,2007 年开始成为波士顿红袜队的球员),他已来到波士顿。毫无疑问,他会让波士顿的市民和红袜队球迷们兴奋不已,并带给他们无限的欢乐。更让人高兴的是，大家可以看到松坂大辅与其他日本最棒的球员同场竞技，如纽约扬基队的松井秀喜，西雅图水手队的铃木一朗。这也会吸引更多的日本游客来美国旅游，在这里消费。日本最伟大的棒球运动员加盟美国球队，这对美国经济和红袜队及洋基队的球迷来说都是一件很幸运的事。

日本向美国“出口”棒球运动员现在已不是什么新鲜事，但要是在几十年以前，这会让人难以想象，这展示了日本棒球运动的转型和发展。同样，日本消费电子产业也经历了一次转型，这就是我今天演讲的核心内容。同时，我也指出在亚洲崛起的过程中，日本电子工业所面临的挑战。

今天，当有人提到“消费电子产品”时，马上就会想起索尼、松下、夏普、三星和飞利浦这样的公司。但要是在几十年以前，就未必如此。在座的一些人也许太年轻，对此没什么印象。当我和我的同事在索尼公司研究如何在美国市场站住脚时，我们那时最大的竞争对手就是美国品牌，除了通用电气和摩托罗拉外，还有美国无线电公司（译者注：1919 年美国联邦政府创立的公司，1985 年被美国通用电气公司并购，1988 年又转到法国汤姆森公司麾下）、珍妮斯（译者注：美国收音机制造商）和米罗华（译者注：美国电视机制造商）。毫不夸张地说，在消费电子产品和广播器材领域，当时索尼公司把美国无线电公司视为要打败的一个主要竞争对手。

在彩色电视初期，美国无线电公司拥有电视机制造的许多专利，如液晶平板显示屏，技术发展势头强劲。今天，如果你进入任何一家销售电子产品的大型商店，你一定会看到索尼、三星等品牌的液晶平板电视机。但是，索尼公司发明了特丽珑电视机后，于 1968 年获得了艾美奖（译者注：美国电视机行业最高奖项），美国无线电公司随后宣布发明了液晶平板电视，声称这是电视机的未来，并宣传称它可以挂在墙上。我们都认为，美国无线电公司的判断非常正确，他们的技术在当时超前了 40 年。在 20 世纪 60 年代，美国无线电公司和其他美国品牌的消费电子产品就占据了市场的大部分份额。但只用了20年的时间,诸如索尼等日本品牌的消费电子产品就占领了美国市场,甚至把一些美国品牌挤出了市场。最后,美国无线电公司被通用电气公司并购,然后又被转卖给了法国电子产品制造商汤姆森公司。

我讲这些故事的目的,并非是为这些美国大型公司的倒闭幸灾乐祸,为日本公司的崛起沾沾自喜。我只想说,根据我个人的经验,索尼公司能够通过努力向顾客提供高品质的产品,从消费者的印象里把"日本制造就是劣质产品"这一印记抹去,我对此感到欣慰。毫无疑问,同汽车工业等其他产业一样,日本消费电子产业为在世界范围内改变消费者对日本产品的看法做出了重大贡献。

我要强调的另一个问题是,没有永恒的东西。如果不能吸取过去的教训,历史的悲剧就会重演。

从20世纪80年代以来,消费电子产品业的转型一直进行着,期间出现了几次大的浪潮,包括不含日本的亚洲市场参与者,还有新兴的产业外参与者进入市场。但是,很难精确地说出亚洲的电子工业是从何时开始崛起的。我们可以认为,从20世纪60年代末开始,为了应对日本竞争力的提高,美国无线电公司和珍妮斯公司等美国消费电子产品制造商开始在台湾、香港、新加坡等东亚国家和地区投资设厂,以降低生产成本。与此同时,韩国高效的政府主导的工业发展计划也孵化出韩国国内的电子工业。

回顾一下过去,美国在海外投资兴建的装配线并没有抵消日本的竞争力。可以说,美国向亚洲转移制造业促进了东亚国家和地区的技术发展和制造工艺的提高,而在这之前,美国制造商一直垄断着技术和工艺。其结果是,随着制造业专门技术和电子技术的传播,东亚本地的电子公司如雨后春笋般兴起,高科技电子消费产品的产能不断提升。

亚洲电子工业的兴起促进了日本消费电子产品业的转型。1985年9月《广场协议》签订,当时的五大工业化经济体(译者注:指美国、日本、西德、法国和英国)经过协商让美元贬值,导致日元对美元迅速增值。日元的增值又导致包括消费电子企业在内的日本制造商的出口产品价格飙升，其后果有两个：

首先，日本制造商开始加速在东亚地区投资设厂，因为那里的生产成本要比日本的低。其次，日本消费电子企业开始向高端产品转型，因为在产品差异性和技术上的竞争要比单纯价格竞争更重要。于是，日本本土企业就不再生产低端产品，消费电子产品则从东亚的新兴工业化国家和地区进口。

例如，在20世纪80年代中期《广场协议》签订后不久，日本爱华公司——过去是索尼公司的一个视听子公司——实际上把它的所有音响产品的生产从日本本土转移到新加坡，然后再把在新加坡生产的低价高保真等音响产品"出口"给日本，这取得了巨大成功。与此同时，爱华母公司索尼公司则集中精力改进它的高端家庭视听产品，并推广它新研发的数字技术，如三年前发布的嵌入光盘的数字技术。

现在分析起来，我们可以说，美国首先在海外生产电子产品，日本紧跟其后，这使东亚新兴工业化国家能够积累技术，促进新兴公司的发展和成长。在品种繁多的消费电子产品领域，市场的最大参与者仍然是索尼和松下这样的日本大公司，消费电子产品的产量逐年增加，如数码相机、DVD和每年发布的电子游戏。

我记得当时《广场协议》有条款暗示，日元迅速升值会基本上搞垮日本的出口导向型产业，如消费电子工业。然而，《广场协议》没有做到这一点。相反，当时的日元升值逼迫日本产业由出口型向全球生产网转型，软件工程领域和电路设计等领域的研发也在全球铺开。

如果说《广场协议》带来了日本消费电子工业转型的一次浪潮，那么，我们就现在正同时面临着三次浪潮，这三次浪潮就是数字化、互联网和中国。

数字技术是由日本消费电子产品制造商最早推向市场的，它的出现让产品差异性有了新的突破，这让日本人在未来具有更大的竞争优势。然而，具有讽刺意味的是，在产品终端输出的视听信号质量方面，使用数字技术与使用模拟技术并无多大区别，这就逼迫日本企业在设计、品牌和用户人体工程学方面寻找体现差异性的方法。那些诸如 DVD 等嵌入数字技术的产品，对新兴的小企业来说很容易生产，它们可以购买元部件和芯片组装这些产品，实际上，它们甚至可以把完全解决方案的设计外包出去，以降低成本。这样，新的市场参与者就可以更容易地进入消费电子市场，用比模拟信号时代更短的时间开发数字技术。

数字技术在这方面的影响深远。在过去 20 年里，经常出现这样的情况：一种新的消费电子产品在日本发布时的价格相对较高，大约两年后，这种产品在美国和欧洲市场上用很低的价格销售还有利可图。如果把这种消费电子产品推广到全球市场，这又要花上几年的时间，价格就会更便宜。在家用录像系统和便携式录像设备的技术和产品方面，就是这种情况。

当前，数字技术大大缩短了产品更新换代的周期，使所有消费电子产品制造商可以在全球市场同时推出一种新产品，这就让那些在产品开发和技术上投入大量资金的大公司很难收回成本。所以，消费电子产业数字化浪潮影响到更多的市场参与者，它让产品性能和质量差异更加微小，新的低成本市场参与者的涌入向市场提供了更多的产品，消费者有更大的选择余地，这就必然导致价格竞争愈演愈烈，公司的利润空间不断被挤压。

互联网是促使消费电子工业转型的第二次浪潮。尤其是宽带网络的普及，它催生了一种新的商业模式，提供了新的交易机会和选择自由，使商业效率总体提高。

互联网让消费电子产业的新参与者充分利用横向交流的优势，生产商可以便利地与全球的供应商及设计专业人员进行联系，从而降低生产成本。可见，在互联网的今天，一个公司没有必要再紧跟日本消费电子企业，也没有必要再为让产品进入市场投入大量资金创建垂直整合生产流程。在数字技术浪潮里，宽带互联网浪潮进一步降低了消费电子市场新参与者的门槛，给全球的消费者提供了无限的产品选择空间。简言之，在数字化浪潮中，互联网进一步加剧了消费电子产业的竞争。

数字化和互联网的结合正强烈地冲击着消费电子产业。除此之外,我们还要与中国抗衡。包括索尼公司在内的日本主要消费电子公司在中国大举投资,建立大型工厂,以实现必要的规模经济,把生产出的大量消费电子产品向全球市场供应。现在,一些日本品牌的消费电子产品在中国制造,然后返销到日本,或在美国市场销售,这已成为普遍现象。

中国具有强大的产业和工程技术潜能,它正在成为世界工厂,源源不断地生产低成本、高质量的产品。虽然中国出口的很多消费电子产品其市场及知名度远不及日本品牌,但我相信,总有一天,中国生产的消费电子品牌会对目前主要由日本、韩国和欧洲大公司组成的市场带来巨大的冲击力。

回顾一下历史,在几十年以前,谁也不会想象得到,当年美国国务卿约翰·福斯特·杜勒斯所称的只生产"衬衣、睡衣和餐巾"的日本竟成为美国消费电子产业的主力军。所以,日本消费电子公司决不能躺在过去的荣誉簿上睡大觉,盲目骄傲自大,低估它们的中国竞争对手,否则,它们就要重蹈数年前美国主要消费电子公司的覆辙。

另一个需要考虑的历史事实是,包括日本和中国在内的东亚地区相对优势的转换。就像日本消费电子产业对美国那样,中国等一些东亚经济体可以通过降低生产成本取得对日本的相对优势。伴随着亚洲和中国的电子产业得到发展,以及日本消费电子公司为降低成本向这些地区转移,这种转换势头越来越明显。

与此同时,我先前所讲到的日本消费电子产业试图通过增加产品附加值来取得竞争优势,高新科技产品可以让产品的差异性具有竞争力。但是,如果考察目前电子产业的发展,我认为,中国制造商通过使用更先进的技术早晚会开始生产高附加值、具有竞争力的产品。我们已经看到韩国竞争对手这样做了,而它们在十年前只能生产价格低廉的大众市场消费电子产品。韩国企业取得降低成本的竞争优势后,便转向高附加值电子产品,它们现在是日本在全球市场上强有力的竞争对手。毫无疑问,中国人也会这么做。鉴于中国有众多优秀的工程师走出校园,以及他们提倡的创业精神,再过几年,中国的消费电子企业很有可能成为全球产业的主要参与者。我认为,中国在消费电子产业的机遇和挑战并存。

英国成为世界工业品工厂让 19 世纪成为英国的世纪;美国则因其地缘政治和最强大、最有影响力的经济让 20 世纪成为美国的世纪。毫无疑问,美国会继续领导 21 世纪,并对全球经济产生重要影响。然而,尽管美国在 20 世纪后半叶具有经济主宰优势,日本和亚洲的消费电子产业仍在兴起,美国的消费电子产业却在走向衰退。

经济规模优势并不能确保美国经济中的所有产业保持竞争力。然而,通过“创造性破坏”(creative destruction)过程,美国过去诸如通用电气公司和摩托罗拉等消费电子企业都实现了转型,与此同时出现了一大批新公司,个人电脑和手机等领域在全球市场上具有强大的竞争力。这是个痛苦的过程,但置之死地而后生,最终取得了高回报。我认为,美国的经历对日本消费电子产业来说很值得借鉴。

我们已经作了分析,数字技术、互联网和中国的崛起给消费电子产业带来深远的影响,并让竞争愈演愈烈。然而,在这三个浪潮出现前,日本的消费电子产业是一个产业密集和竞争激烈的领域。即使在一些公司退出一些产品类别的生产或被其他公司兼并后,日本现在仍然至少有 13 家主要的消费电子企业(如索尼、佳能、松下、东芝、富士通、日本胜利公司、夏普、日本电器公司、日立、先锋、三洋、富丽等)年销售额几百亿美元,它们之间也存在着相互竞争。

数字技术进一步加大了产品差异性的难度。与此同时,总部设在日本的这些公司中,绝大多数公司很难对中国和亚洲公司取得成本结构上的竞争优势,只有为数不多的几家日本小企业通过有效地使用外包手段才实现了成本的大幅削减,在价格竞争中具有支配地位的公司更是凤毛麟角。

消费电子产业的制造商越来越密集，零售商则高度集中，并出现了几个全球规模的巨型零售企业。随着市场中有更多公司参与，造成众多产品的品质和性能相差无几。可以肯定地说，在包括日本消费电子企业在内的产品供应商和主要是由几家大型零售商构成的采购商之间的平衡，将继续向采购商一方倾斜，这就诱发新一轮的激烈竞争。

在这种情况下，日本消费电子企业如何能保持自己的竞争优势并继续生存下去呢？第一个答案就是创新。

创新并非简单地理解为发明新产品，创新也包括创建新的商业模式和生产流程，包括对全球技术标准的使用，如欧洲的 GMS（译者注：全球移动通信系统）手机技术。

我先前已经指出，鉴于中国工程技术能力的巨大潜能，中国公司开发出低成本、高附加值的产品，达到甚至超过日本电子企业产品的品质、性能和设计理念，这只是个时间问题。在这种情况下，日本人必须利用其他方面的优势，如独特的影视和音乐内容、金融服务等，也可开发一种全面兼容模式，向顾客提供链接、播放、产品和服务。从目前情况来看，有多少日本主要的消费电子企业能做到这些？这又是一个问题。

第二个答案就是让未来“创造性破坏”更容易，这可以通过业务门类的选择与集中或企业并购来实现。目前，在日本已经看到了这一进程，越来越多的公司退出一些产品类别的生产，而把精力集中在自己具有代表性的核心业务和具有核心优势的领域。

电子企业的联合已渐成气候，这不限于日本电子企业之间的联合，也包括与其他地区和其他行业公司之间的联合。企业联合的连锁效应是：日本企业与亚洲企业的联合会让企业更强大。然而，联合能否让日本的 13 家主要消费电子企业生存下去，这仍是个未知数。市场洗牌的混乱局面结束后，日本的消费电子产业会是个什么样子，现在也很难作出评判。

为了让“创造性破坏”进程更容易，日本政府必须设法解除对日本企业的管制，以降低生产成本。如果解除管制，产品成本必然会大幅下降，日本的互联网宽带接入服务费用世界最低（根据国际电信联盟《2006年世界信息服务报告》）这一事实也验证了这一点。

另一方面，日本是世界上生活开支最高的国家之一。有鉴于此，政府应解除对劳动力市场的管制，降低一些产业的准入门槛，鼓励更多的企业进入市场竞争。政府还应改善对风险资本的获得和使用，鼓励创办新业务，增加就业机会。

政府也应让对农业的高度保护措施更加合理，进一步放宽对进口食品的限制，提高居民的可支配收入，鼓励消费高附加值的产品。政府通过签订《自由贸易协定》放宽对进口食品的管制，这也会降低在日本生产的出口食品的关税。

政府还应考虑放宽移民限制政策，以方便外国人才来日本工作。为了吸引人才，日本政府应承担起教育改革重任，使日本大学能从世界范围吸引最优秀的学生。

政府还应为企业减税，降低企业所得税的税率。日本目前的企业所得税税率是40%，比中国的还高。中国计划在未来5年把企业所得税的税率由目前的33%降到25%（2006年12月24日中国全国人大宣布该决定）。而韩国的企业所得税税率为27.5%（*Toyo – Keizai*，2007年1月）。

总之，日本消费电子企业在“创造性破坏”进程中仍在继续探索各种选择和战略，设法在世界市场上降低成本，提高效率。如果日本经济不采纳我上面提出的措施，提高自己对其他经济体的竞争优势，那么，日本公司在高消费的日本将很难生存下去。

随着日本经济竞争力的相对下滑，一个明显的可能就是，日本电子企业需要进一步加速电子产业全球化进程。全球化在《广场协议》时期已经全面展开，充分发挥了每个地区或国家的竞争优势，并在这些地区构建了经营活动价值链，放弃了以日本为中心的经营模式。

最后是第三个选择，即面对低成本竞争对象很难实现长期产品差异性，应彻底退出这些领域，把精力集中在高附加值消费电子产品上，或者创建全新的商业领域。美国通用电气公司和摩托罗拉等企业采取了这一选择，它们就成功了。相反，美国无线电公司没有采取这一选择，它就失败了。由于日本主要消费电子企业正忙于应对大众市场，这就需要在电子产业进行大规模的重组，而目前还没有看到有这方面的迹象。

在此，请允许我讲一讲索尼公司的产品研发。刚才我已经提出，在目前这种惨烈的市场竞争中，为了有效地竞争，消费电子制造商应该考虑的主要选项就是对创新的不断追求。在这方面，索尼公司的主要驱动力就是高清技术。索尼公司在电子设备高清技术的开发和应用方面处于世界领先地位，产品几乎包括所有类别。我们拥有全频广播系统、消费者终端硬件产品和内容资源，索尼公司在高清数字产业独领风骚，推动着未来全球向高清产品的转型，如高清液晶电视、高清摄像机、高清广播器材等。实际上，索尼公司正在不断提高支持高清产品的比例。

（译者注：此处略去通过幻灯片介绍索尼公司研发的新产品内容。）

索尼公司除了推出创新产品、内容资源和服务外，我们还要继续寻找新的商业机会，提高我们的竞争力，为索尼顾客提供具有新附加值的体验。我们将进一步调整运营管理，确保在激烈竞争的电子产业有效竞争。我们也要寻求合作与联合的新契机，促进我们的业务发展，提高我们的竞争优势。

我不像马克思那样，相信历史有铁的定律。但我认为，如果我们很好地认识了过去，就会避免历史悲剧的重演。从事物长远的发展看，我们见证了日本向世界市场出口其他类型的产品，如日本动画、电影、音乐、食品、服务、货币等，现在还有棒球运动员，这就意味着日本在不断开发自己的新的竞争优势，让日本最终能在全球后制造业时代扮演一个主要的“软实力”（soft power）角色。

从另一个角度讲，如果日本企业做好了转型的准备，它们就要采取决定性步骤把自己转型到在21世纪新产业结构里具有竞争力的企业，而这个新产业结构是由数字化、互联网和中国塑造的，我们完全没有必要复制诸如美国无线电公司和珍妮斯等曾经的消费电子产业龙头老大的做法。同时，日本企业必须牢记历史教训，永不低估自己的竞争对手，永不躺在过去的荣誉簿上睡大觉，永不骄傲自大。

谢谢大家。

沃伦·巴菲特(Warren Buffett)

(伯克希尔·哈撒韦公司首席执行官)

1998 年 10 月 15 日,美国佛罗里达州盖恩斯维尔

在佛罗里达大学商学院的演讲

成功的决定因素

我想,先讲几句开场白,然后,我用几分钟的时间让你们问问题。我要谈的是你们的一些想法。我希望你们给我提些难题。如果你认为自己有点野心,就抛出你的问题,我很高兴你们这么做。你们可以问任何问题,但上周德克萨斯 A&M 大学的橄榄球比赛不能问,这不是今天讨论的范围(笑)。

陪同我的有来自太阳信托银行(SunTrust)的几位人物。我刚参加了可口可乐公司的一次会议。在会上,我坐在吉米·威廉姆斯旁边,他领导太阳信托银行多年,他非要让我穿这件太阳信托的 T 恤来这里。我曾努力成为老年高尔夫商店的投资人,却为此受到猛烈的批评。现在,我成了银行的投资人,而且做得更好。这是因为,银行的利润增长了,我的投票权也增长了。所以,亲爱的老太阳信托,我要与你拍拖下去。

我想花点时间与学生们谈谈你们走出校门后的未来,因为你们已经学了很多关于投资方面的知识,你们学了如何赚钱,你们有足够的智商去赚钱,你们有动机和精力去赚钱,否则,你们就不来这里了。我相信,你们中的很多人将实现自己的愿望,但是,除了知识和精力之外,决定成功的因素还有很多。下面我就谈谈这些决定成功的因素。

实际上,一个住在奥马哈的人过去总说,他在聘用职员时,主要看三个方面的素质:诚实、知识和精力。他说,如果一个人不具备第一个素质,后面的两个素质就会毁了他。这是因为,如果他不诚实,你会希望他是笨蛋和懒汉,你不会希望他聪明和精力充沛。我理解这个解释,所以,我很想谈谈第一个素质,因为我知道,你们都具备了后面的两个素质。

现在,请大家花点时间和我玩一个小游戏,在玩游戏的过程中,思考一个问题。你们都来了,我想,你们工商管理硕士专业二年级的学生几乎都来了,你们一定也很了解自己的同学。想一想,假如我给你们授权,允许购买你某个同学未来一生 10% 的时间,你不能挑选有个富爸爸的同学,那不算数。你必须挑选那些自食其力的人。我给你们一个小时的时间考虑这个问题。你们会挑选谁呢?只能挑选一位同学,你想拥有哪位同学余生 10% 的时间?你要给所有的同学进行智商测试,挑选智商最高的同学吗?我对此表示怀疑。你要挑选考试成绩最好的同学吗?我对此也表示怀疑。你也许不会挑选精力最充沛的同学,因为你自己就干劲十足。我想,因为每个人都有头脑和精力,你一定去寻找具有某种品质的人。你想一个小时,我敢打赌,你大概会挑选与你最有认同感的人,挑选具有领导才能的人,挑选能让其他人获得利益的人。而这个人一定是个慷慨的人,诚实的人,善于把自己的功劳记在别人头上的人。你可以把这些你所敬佩的品质写下来,放到左手边，然后回答另一个问题：你最敬佩班里的哪个同学？

我再给你们来点弯弯绕。你可以挑选一个同学，拥有他余生 10% 的时间，你同时挑选另一个同学，把他余生 10% 的时间废掉，也就是缩短他余生 10% 的时间。这很有趣，是吗？你会想，我要去缩短谁的生命呢？同样，你不会挑选智商最低的人，你也不会挑选那个因为这样那样的事情让你讨厌的人。品质与学术成就无关，因为他们的品质不好，所以你不想与他们打交道，其他人也不想与他们打交道。

那么，究竟是什么品质让他们如此行为呢？这可罗列很多。你知道，他一定是个有点自私的或贪婪的人，有些不诚实，投机取巧，他一定有所有这些不好的品质。你可以把这些品质写下来，放到右手边。如果你对比左手边和右手边的品质，就会发现一件很有趣的事情。这可不是把橄榄球投出 60 码距离的能力，也不是跑 100 米用 9.3 秒的能力，更不是班里最漂亮的学生，如果你们想成为左手边的人，就必须具备那些品质。我的意思是指人的行为、性格和个性。这些是可塑的，左手边的人都可以获得这些品质。但是，如果你看看右手边的这些品质，如果一个人有这些品质，他就会让你感到讨厌。你不能有这些坏品质，如果有的话，应该尽快改掉。你们还年轻，改掉这些坏品质要比我这个年纪的人容易得多。很多坏行为都是习惯养成的，这些坏习惯平时也无伤大雅，很难被察觉，习惯成自然，可一旦察觉到了，就积重难返，很难改掉了。

这是毫无疑问的。我就见过我这样年纪的人甚至比我年轻 20 来岁的人就是这个样子，他们自暴自弃，陷入这些恶习而不能自拔。不管他们走到哪里，所作所为都让周围的人感到讨厌。他们也不想那样，可是，由于染上了这些恶习，就很难改变了。但是，在你们这个年纪，你们可以获得你们想获得的任何习惯、任何行为方式，这只是个你想获得什么习惯的问题。

本·格雷厄姆（译者注：Benjamin Graham，1894—1976，美国经济学家、投资家，曾任哥伦比亚大学商学院教授，被誉为现代投资理论的创始人，巴菲特的老师)在十几岁时,他看着他所敬佩的那些人物心里说:“你知道,我也要成为受人敬佩的人,那么,为什么我不学学他们的行为呢?”他发现,向那些受人敬佩的人物学习很简单,就是朝自己想改掉的那些坏品质的相反的方向做就是了。所以,我建议,如果你把那些你所欣赏的品质写下来,思考一下,然后照此去做,逐步养成习惯,你自己就会成为你要买其余生 10% 的时间的人。更可喜的是,你已经拥有了 100% 的自己,你一定为此感动。所以,你也能像别人一样,成为受人敬佩的人。

我说得有点多了,现在,就让我回答你们感兴趣的问题。正像我刚才所说,可以对这些问题提问。我不太清楚怎么开始,那就让举手的人提问吧。那位,在那里,你第一个提问,是的,就在这里。

提问者:你对日本有怎样的看法?

巴菲特:你问我对日本的看法?我不是研究宏观经济的,我只有说说我个人的情况。我的伯克希尔·哈撒韦公司可以从日本贷款,10 年期利率仅为 1%。我是说,嗨,我在 45 年前听我老师格雷厄姆的课程,我一生都在找机会赚钱。也许,我每年的投资回报率会超过 1%,我确实想从日本贷款投资。利率 1%,这简直让人难以置信,是不是?要知道,我可不想承担汇率风险,所以,我要选择日元记账的资产进行投资,这就必须在日本进行房地产或日本企业之类的投资。我所要做的,就是让投资回报率超过 1%,因为这是我使用资金的成本,而且可以持有 10 年。到目前为止,我还没发现有值得投资的领域,这似乎很有趣。日本企业的利润很低,日本也有一些企业的利润能达到 4%、5% 或 6%,但是,如果整个市场的利润都很低,作为投资者就很难赚到很多钱。

现在,也有一些人在日本投资。我有位朋友,叫沃尔特·施洛斯,他曾和我一起为格雷厄姆工作过。他就采用我第一次投资的方法,即找那些股格比每股分摊的营运资金还低的股票。这类股票非常便宜,是量化股票,我把这种投资方式叫“烟头投资”。这就好比你满大街找烟头,突然找到一个,上面被别人吸得湿漉漉的,让人感到恶心,可是,里面还有点烟丝能吸上几口。于是,你就把这个烟头捡了起来,吸几口免费香烟。这就是我说的“烟头股票”。“烟头股票”意味着你吸几口免费香烟就把它扔掉,然后继续在大街上找下一个烟头。这种方法虽然不高雅,但很有效。如果你想吸免费香烟的话,这确实是个不错的办法。这些都是低回报率的投资。

当股市上行时,时间就是投资的朋友;当股市下行时,时间就是投资的敌人。如果一直是熊市,尽管你买股票时的价格很便宜,你也会损失惨重。如果一直是牛市,尽管你入市时赔了点,但只要你持股时间长一些,就会大赚一笔。

目前,我还没发现日本有什么值得投资的地方。也许日本会改变这种经营文化,比如,企业管理多考虑股东的感受,让股票投资回报率高些。但是,目前的日本投资回报率很低,即使在日本经济发展的黄金时代,也是如此。这确实是个奇怪的现象。日本经济飞速发展,但日本公司却表现一般。日本公司的经营世界首屈一指,但日本公司的投资回报率却低得可怜,这必然会对经济产生一些不利的影响。所以,到目前为止,我们在日本没做任何事情。但是,只要日本的利率保持在1%,我们会继续关注那里的市场情况。

提问者:传闻称,你是长期资本管理公司(译者注:LTCM,成立于1994年的一家对冲基金,1998年破产,仅存活了4年)的大救星,因为你在该公司面临破产时购买该公司的很多股份。你此举的目的是什么?你从中看到了什么机会?

巴菲特:在最近一期《财富》杂志上有篇文章,该期杂志的封面人物是本·默多克。这篇文章讲了这件事情是来龙去脉,很有趣的故事,因为这是个很长的故事,故事背景我就不说了。

我想,你们多数人都熟悉长期资本管理公司,这个故事确实很有趣。这是因为,长期资本管理公司里有约翰·梅里韦瑟、埃里克·罗森菲尔德、拉里·希里布兰德、格雷格·霍金斯、维克托·哈格汉尼等人物，还有两位诺贝尔经济学奖得主迈伦·斯科尔斯和罗伯特·墨顿，如果你把这16个人放在一起，他们的智商要比任何任何一家美国公司的16个人的智商都高，包括微软公司，或者你们能叫得出名字来的其他公司。把这些人放在一起，是一笔大得惊人的知识财富。

如果再加上这16个人在他们各自工作领域的大量实践经验，你们知道，他们可不是一帮靠卖服装赚钱，然后再到证券市场撞大运的人。这16个人在他们从事的领域，大概共有350年到400年的经验。

还有，这16个人在他们的行业有强大的关系网，他们让自己的钱增值，让数以亿美元计的金钱快速繁殖。超级智商，在自己熟悉的领域征战，可实际上他们破产了。

这让我听起来绝对是天方夜谭。我想，如果我写一本书的话，书名就叫《为什么聪明人做愚蠢事》，我的合伙人说，这个书名应该用在我的自传上。不过，这真是一个有意思的说明（笑）。

长期资本管理公司的这些人绝对都是正派人，我尊重他们，当我在所罗门兄弟公司工作的时候，他们还常帮我解决问题。他们可不是什么坏人。但是，他们用“空手套白狼”的方式去赚钱，而他们压根就不需要这些钱，他们拿自己已有的和必需的东西去冒险，这太愚蠢了，愚蠢之极。这时不要再对我说什么智商了。如果你用对自己很重要的东西去为赢得对自己不重要的东西下赌注，这简直不可理喻。我才不在乎你的成功概率是百分之一还是千分之一。如果你给我一支手枪，有上1000个或100万个弹仓，可只有一个弹仓里有子弹，你对我说：“你把枪对着自己的太阳穴，每扣动一次扳机你要多少钱？”我不会扣动扳机，不管你给我什么东西。如果我赢了，这些钱对我来说毫无意义；如果我输了，后果显而易见。我对这类赌博游戏不感兴趣。然而，总有人不动脑子，把它当作金融工具豪赌。

有本书很棒，确实很棒，因为它有个好书名。这是一本很一般的书，但书名夺人眼目，这本书的作者是沃尔特·古特曼，书名是《人生只有一次富》。这个书名很有哲理，不是吗？如果你在年初有1亿美元用作投资，不使用杠杆的无风险投资回报率是10%，如果使用99倍的杠杆风险投资回报率是20%，那么，到了年底，两种投资有什么不同呢？你要么得到1.1亿美元，要么得到1.2亿美元，这实际上没什么区别。我的意思是，如果你在年底不幸去世，你知道，那个写你生平的人也许会写错，把你的1.2亿美元写成1.1亿美元。而实际上你两手空空地离去，什么也没得到。所以，这样的投资选择毫无差别，对你的家庭毫无差别，对任何人都毫无差别。然而，如果你失败了，尤其是用别人的钱投资失败了，这不但损失了你和朋友的钱，这会让你失去尊严，脸上蒙羞，还要面对向你提供资金的朋友的指责。是不是这样？我简直无法想象这是为了什么。这有意义吗？

然而，那16个高智商的体面人却玩起了这个游戏，我想，他们一定是疯了。你们知道，这些人在所罗门兄弟公司告诉我，六西格玛（译者注：概率单位，指1000万个机会里发生34次）的风险概率从来就没发生过，甚至连七西格玛（译者注：概率单位，指10亿个机会里发生19次）的风险概率都没发生过。但是，他们错了。历史事件不能告诉你将来的金融事件概率。还有，这些人太依赖数学，他们认为股票的历史数据会告诉你股票的未来风险。依我的观点，这些股票的历史数据根本不会告诉你股票的未来风险，西格玛概率也不会告诉你破产的风险。我想，现在那16个人也明白了这一点。我要告诉你们，我可不想把他们作为失败的例子到处宣讲，因为我知道，这类事情也会换种方式发生在我们任何人身上，我们知道的事情再多，也会在某个关键事情上存在盲点。正如亨利·考夫曼（译者注：美国独立经济学家）所说的那样："在这种状况下破产的人有两种类型，一种是一无所知的人，另一种是无所不知的人。从某种程度上讲，这都是可悲的。"

我力劝大家，在任何情况下，都要尽量避免借钱。尽管有保险公司作担保，但我从来不借钱，即使在我只剩下1万美元的时候，我也不借钱。这会有什么不同吗？只要我能过得去，我就很开心，而不在乎我有 1 万美元，还是 100 万美元，或者是 1000 万美元。当然，如果我得了急病或发生了类似的事情，那另当别论。

但是，不管我钱多钱少，我都会做同样的事情。想想我们之间有什么不同？就拿生活方式来说，你们知道，我们基本上穿同样的衣服，当然，我身上这件 T 恤是太阳信托银行给我的，你们没有（笑）。你看，我们穿同样的衣服，我们吃同样的饭，喝上帝恩赐的同样的甘泉，我们都去麦当劳吃快餐，或者去好点的冰雪皇后店（译者注：创建于 1940 年的冰淇淋连锁店，简称 DQ，全球约有 8000 家 DQ）。我们的房子冬天都有暖气，夏天都有空调，我们都从大屏幕电视上看内布拉斯加大学与德克萨斯 A&T 大学的橄榄球比赛。你们和我一样，用相同的方式观看。我们做任何事情都是一样的，我们的生活没什么大的不同。当你们受到意外伤害或患病时，你们有医疗保障，我也享受医疗保障。唯一不同的是，我们的旅行方式与你们不同，大家知道，我乘坐个人小飞机，我很喜欢它，我乘坐这架飞机也是为了赚钱。但是，如果不考虑这一点的话，如果不考虑我们之间旅行方式不同的话，除了旅行之外，想一想，我们还有什么不同呢？我能做的，你们又何尝不能做呢？

现在，我很喜欢我的工作，我一直这样。不管是一笔大生意，还是赚 1000 美元的小买卖，我都喜欢做。我奉劝大家要选择自己喜欢的工作。如果你们为了让自己的简历好看些，就不断跳槽，做不喜欢的工作，我想，你们一定是疯了。我在哈佛大学遇到一个小伙子，他纠缠着我聊个不停。他 28 岁，告诉我说曾做过很多出色的工作，真是不错。我问他：“你下一步要做什么？”他答道：“这个么，如果我拿到工商管理硕士学位，我也许从事管理咨询工作，因为把这样的经历写在简历上好看。”我打断他的话说：“等一下，你才 28 岁就换了这么多工作，你的简历要比我的好看十倍。我认为，如果你要选择的另一份工作你并不喜欢，这是不是就像你把性欲寄存起来，等到老年再用？”你们明白我的意思（笑声）。

现在是你们做自己喜欢的事情的时候了。我认为,这是一个很重要的问题。所以,你们应该找份工作。当你们离开校园时,你们要找份自己喜欢的工作。工作一段时间可以换工作,但是,你们必须每天早晨要满怀热忱地去工作。当我离开哥伦比亚大学时,我想到的第一件事就是立即为格雷厄姆打工,哪怕是义务工作。他认为我过高地估价了自己,但我还是软磨硬泡地希望他收下我。格雷厄姆始终不答应,我就去了奥马哈,在那里卖了3年的证券。这期间,我常给格雷厄姆写信,向他谈谈我的一些观点。功夫不负有心人,我终于如愿以偿,为格雷厄姆干了几年。在那里,我获得的非常宝贵的经验。总而言之,我总是在做我喜欢的工作。

如果你们想靠自己的能力富起来,那就更应该找份工作,工作让你们自信。你们不但能从工作中学到很多东西,也能从工作中获得乐趣。你们不能错过机会,你们以后可以干别的,但是,你们会从第一份工作中学到很多,不要在乎工资多少。

我怎么跑题了?谈了这么多工作。但这也是歪打正着,我很想与你们谈谈这个话题。所以,我认为,如果你们总认为2个X肯定会比1个X好,这会让你想更快乐,你们也许错了。我的意思是,你们必须找到你们喜欢的工作做,如果你们一直想获10个X或20个X,认为这样就能解决未来人生的所有问题,那你们就什么工作也干不好,甚至老板也把你们当成打杂的,我想,你们就会陷入困境,做些借钱之类的事情。这毫无意义。将来回首往事时,你们就会为自己过去的行为后悔。

提问者:你喜欢购买什么样的公司?

巴菲特:我只喜欢我明白的行业,按照这个标准,就要排除掉90%的公司。有很多东西我弄不明白,幸运的是,还有不少的东西我能够弄明白。

我明白这个(巴菲特举起一瓶可口可乐),任何人都明白这个。从1886年开始,它(可口可乐)就是一个很简单的企业,但却不是一个容易经营的企业,我可不想拿一个容易经营的企业去与竞争对手角逐。我要让企业被护城河护卫着，在中间建一个价值连城的城堡，然后任命一个忠诚、勤勉和有能力的公爵管理城堡。我在城堡周围建护城河，护城河可以是不同的事情：汽车保险业，政府雇员保险公司（译者注：1936 年创建于美国首都华盛顿，现在总部位于马里兰州的舍维查斯，是美国第四大私人客户汽车保险公司，拥有保险客户 600 万人，到 1995 年巴菲特收购了该公司的全部股权）的成本就很低。

人们必须购买汽车保险，基本上，每个人、每辆汽车都会有一份保单。我虽然不能卖给他们 20 份保险，但每人至少需要一份，我可以卖给他们一份。那么，他们是根据什么条件购买这份保险呢？他们会根据服务和保费来购买保险。大多数人认为，所有保险公司的服务相同或相差无几，所以，他们就根据保费的高低来确定购买保险的保险公司。所以，我的保险公司必须提供低保费保险，这就是我的护城河。当我的保费比别的公司低很多时，我就必须向护城河里投放几条鲨鱼加强防卫。当你有一个很好的城堡时，外面总有人想攻取它，企图把它从你手里夺走。所以，我要经营一个我明白的城堡，而且必须在这个城堡周围建护城河来保护它。

30 年前，伊士曼柯达公司的护城河与可口可乐公司的护城河一样宽。我的意思是，如果你给你的 6 个月大的孩子拍张照片，20 年后或 50 年再看这张照片，由于你没有机会成为专业摄影师，你不是专业摄影师，所以，你欣赏照片的角度只是看 20 年或 50 年前的景象是不是完好无损地保存下来。而影像公司的认知率取决于你对影像公司的评价，因为他们对你承诺，你用他们的胶卷拍摄照片，在 20 年或 50 年后仍保持完好清晰，而这些美好的记忆对你来说非常重要。是的，30 年前的柯达公司确实了不起，他们拥有这样的美誉，他们拥有我所称的认知率，不是市场占有率，而是认知率。他们那个黄色包装小盒就代表柯达是最好的。认知率的价值难以估量。今天，柯达损失了一些认知率，但并没有丧失贻尽。

这不是乔治·费舍（译者注：George Fisher，在 1993 年到 2000 年期间，任柯达公司总裁兼首席执行官)的原因,乔治工作很出色,但他们让自己的护城河变窄了。他们把富士胶卷放了出来,用各种方式让自己的护城河变窄了。他们让富士进入奥林匹克运动会,涤荡了只有柯达胶卷才适合拍摄奥林匹克运动会的印象。所以,富士胶卷在奥林匹克运动会扎下了根,人们立即有了这种印象:富士比柯达更胜一筹。

可口可乐公司就不存在这种情况,现在,该公司的护城河被比30年前更宽了。你也许没有注意到可口可乐公司的护城河在一天比一天变宽,但是,每当可口可乐公司在海外投资20年内不会盈利的基础建设时,你就会认识得到他们在加宽自己的护城河。护城河就是这样一点一点地被加宽的。事情总是这样,在不断朝着一个方向或另一个方向发展,10年后就会成效显著。在我们的公司,我就要求高管们不断加宽护城河,要向护城河里投放鲨鱼和鳄鱼,让竞争对手不敢靠近。为达到这个目的,我们改善服务品质,提高产品质量,压缩成本支出,有时还申请专利保护,或者变更公司地点。这就是我追求的经营之道。

那么,我要找什么样的企业进行投资呢?告诉大家,我要找生产简单产品的企业,而像甲骨文、莲花或微软之类的公司(太复杂了),我可没能力去谋划10年后它们的护城河该是什么样子。盖茨是我所遇到的最精明的生意人,而且他们所处的位置也非常有利,更重要的是,我不知道10年后他们的企业会发展成什么样子,我也不知道他们的竞争对手10年后会是什么样子。但是,我知道口香糖企业10年后会是什么样子,互联网不会改变我们咀嚼口香糖的方式,也没有任何其他事物会改变我们咀嚼口香糖的方式。虽然会出现许多口香糖的新产品,但像绿箭薄荷口香糖或果味口香糖仍没有消失,它们不会消失。如果你给我10亿美元,让我在口香糖企业投资,把箭牌口香糖狠狠打压一下,我告诉你,我做不到。这就是我的生意经。我会对自己说,给我10亿美元,我会给箭牌口香糖多大的打击呢?如果给我100亿美元,我会对遍布世界各地的可口可乐带来多大伤害呢?我做不到,因为它们是非常优秀的公司。但是,如果你给我一些钱,让我在其他行业投资,我就能设法谋划如何去做。

所以,我要找简单的企业投资,它要容易被弄明白,且具有一定的市场规模,有诚实可靠的管理层,这样,我就能大体上看清这家企业 10 年后会发展成什么样子。如果我看不出这家企业 10 年后会发展成什么样子,我是不会买下它的。

关于股票,如果纽约证券交易所从明天起停业 5 年,我会对拥有股票感到懊悔,我就不会买这样的股票。我会买农场,因为即使 5 年内我不知道农场的报价,只要农场能正常经营,我就会感到满意。我会买一套公寓住房,即使未来 5 年内没有这套公寓的报价,我也会为我从这套公寓得到的预期回报感到高兴。炒股的人们今天买了股票,明天早晨就迫不及待地看股价是涨了还是跌了,以验证自己购买这只股票的决定是否正确。这太愚蠢,他们不是购买企业,而是购买企业的价格。这就是格雷厄姆教给我的最基本的投资理念。

一定要记住,你不是买股票,而是买一家企业的一部分所有权,如果你不是花高得离谱的价格购买股票,那么,这家企业经营得好,你就会有不错的收益。投资股票的精髓就在这里。你应该买你明白的企业,就像买农场,你必须买你明白的农场,这并不复杂。

顺便说明一下,虽然有人把这称作"格雷厄姆—巴菲特"投资哲学,但这完全的格雷厄姆的理论。我很幸运,在我 19 岁的时候,我就开始研读他的书。当我六、七岁的时候,我就对股票感兴趣,11 岁时就买了我有生以来的第一只股票,但我却天天琢磨那些毫无价值的东西,如各种图解、表格等等,并进行各种技术计算等诸如此类的事情。后来,我发现一本很薄的书,书上告诉你买的可不仅仅是每日跳来跳去的股票代码,而是买公司的一部分。当我开始这样认识股票以后,一切就豁然开朗了。股票就这么简单。所以,我认为我们应该知道,我们是买企业。在座的各位没有不明白可口可乐公司的,但我敢说,在座的各位没人知道在线网络公司。

如果我在商学院教书,期末考试时,我会给学生一家互联网公司的信息,让学生给这家互联网公司估值。如果有人给我一个答案,我就给他不及格。我不知道如何给这些网络公司估值,可竟有人天天做这样的事情,这太不可思议了。当然,如果你把这看作是某种竞赛,那就另当别论了。但是,你要是投资,这可是要从腰包里掏出真金白银来的,为的是日后赚回更多的钱,有一定的回报率。为了投资成功,你必须时刻明白你在做什么,你必须明白这家企业。你能搞懂一些企业,但不能搞懂所有的企业。

提问者:关于设法弄明白一个企业和买一个企业,你只说了一半。你刚才暗示,你开始从你投资的企业得到回报。你是如何确定购买一个企业的合适价格的?

巴菲特:购买企业是个艰难的决定。在我没有彻底弄明白一个企业之前,我是不会出手的。所以,一旦我彻底弄明白一个企业,我就知道它的回报率也许不会很高。那么,为什么只对那些给你带来40%的回报率的企业要抓住机会呢?我们不要一心想着赚大钱,但要一心想着不赔钱。

1972年,我们买下了喜诗糖果公司(译者注:See's Candies,1921年创建于美国加利福尼亚州洛杉矶,现在总部迁至加利福尼亚州南旧金山市),当时喜诗巧克力的销量是1600万磅,价格是每磅1.95美元,每磅赚25美分,也就是税前利润为400万美元。我们花了2500万美元买下了这家公司,除此之外,公司不需要任何资本投入。

当我们考虑这家公司时,主要是与我的合伙人查尔斯·芒格决定糖果的价格是否有提价空间。1.95美元一盒的巧克力可以卖到2美元到2.25美元。如果能卖到2.25美元,也就是每磅提价0.3美元,1600万磅就是480万美元。所以,用2500万美元买下这家糖果公司价格相当不错。在我的一生中,我从未聘请过咨询师。在我的观念里,咨询就是出去买盒巧克力吃。

我们当时了解的情况是,这家糖果公司的在加利福尼亚州的认知率还是相当高的,喜诗巧克力有种特殊的品质,喜诗巧克力给加利福尼亚州的人留下了深刻的印象,与其他牌子的巧克力比较具有绝对市场优势。

在情人节,男人们买盒喜诗巧克力送给女孩,就可以换取一个吻。如果女孩抽他一耳光,我们的生意就黄了。只要女孩收到喜诗巧克力能吻他,这就是我们所要的消费者的认知感。喜诗巧克力意味着吻,如果我们能让人们形成这种观念,我们就有涨价空间了。

自从 1972 我买下这家公司后,每年的 12 月 26 日我们都要提价,也就是圣诞节后的一天,因为圣诞节期间的销量非常大。实际上,今年我们的利润将达到 6000 万美元,也就是每磅赚 2 美元,3000 万磅就是 6000 万美元。同一个公司,同一个配方,没增加任何资本投入,一切都没变,就赚了 6000 万美元。往后 10 年,我们会赚得更多。在赚的这 6000 万美元中,5500 万美元是圣诞节前的三个星期赚的,我们公司的企业歌曲就是《耶稣是我们的好朋友》。

这确实是个好公司。我们再想一想,如果是自己吃的巧克力,多数人不会买盒装的,他们买盒装巧克力是作为礼物送人的,如生日礼物,或节日礼物。对巧克力市场来说,情人节是一年中最重要的一天,而圣诞节则是一年中最重要的一个季节。女人们大多在圣诞节买巧克力,而且是在节前两三个星期的期间内购买。男人们则在情人节买巧克力。这一天,我们就在广播电台播放广告,男人们下班开车回家,只要他们车内的收音机开着,我们就告诉他们没带巧克力回家是罪过,“罪过”这个词一遍遍地播放,男人们便纷纷把车开离公路,去商店购买巧克力。因为他们手里没有巧克力,是我们在广播电台上提醒他们,不带巧克力回家是罪过,所以,他们手里没有巧克力是不敢进家门的。所以说,情人节对我们来说是巧克力销售最火爆的一天。

你能想象得出吗,情人节那天,喜诗巧克力的价格是每磅 11 美元,这要归功于我们的聪明才智。在情人节这天,如果有的巧克力每磅 6 美元,你好意思拿着一盒价值 6 美元的巧克力回家吗? 见到自己的爱人说:“甜心,今年我给你买了便宜货。”因为你爱人在这几年的情人节，一直期待得到的是喜诗巧克力，你用盒 6 美元的廉价巧克力可打发不过去。

总之，对不是以价格为导向的产品来说，定价权是无限的。就拿沃尔特·迪斯尼公司（译者注：1923 年创建于美国加利福尼亚州的洛杉矶，现在总部位于加利福尼亚州的伯班克，是大型传媒公司，业务包括娱乐节目制作、主题公园、玩具、图书、电子游戏和传媒网络）来说，他们卖的家庭影像价格是 16.95 美元或 18.95 美元，或者更高。全世界的人们，尤其是妈妈们，对迪士尼有种特殊的感情。今天在座的各位，提起迪士尼，你们就对迪士尼有种感情寄托。但我说环球影视公司（译者注：1912 年创建于美国纽约，现在总部位于加利福尼亚的环球影城，制作了《谍影重重》《憨豆特工》《速度与激情》等影片），说 20 世纪福克斯电影公司（译者注：1935 年由福克斯电影公司和 20 世纪影视公司兼并而成，总部位于美国加利福尼亚州的洛杉矶，是电影市场占有率最大的电影公司之一，制作了《泰坦尼克号》《异形》《虎胆龙威》等影片），你们就不会对此有特殊的感情。关于这一点，全世界都是如此。

现在，假如你带着几个孩子生活，可你想每天有几个小时的安静时间。你知道，如果你有一盘录像带，孩子们就会翻来覆去地看上 20 遍。于是，你来到一家音像商店或其他什么商店购买家庭影像，你会坐在那里，挑出 10 种不同的影像，每种影像花上一个半小时看一遍，然后决定你的孩子们应该看哪种吗？不会的。假设那里有一种影视的价格是 16.95 美元，而迪士尼的影像价格是 17.95 美元，直觉告诉你，你买迪士尼的影像没错。所以，你买了它，因为你不想花费时间来比较影像的品质。你看，如果你是迪士尼，你就可以卖更多的影像，赚更多的钱，这让迪士尼红火起来。但是，其他影像公司的日子可就不怎么好过了。

你怎样才能像梦工厂（译者注：1994 年创建，总部位于美国加利福尼亚州的环球影城，制作了《功夫熊猫》《穿靴子的猫》《逍遥法外》《惊爆银河系》等影片）那样，努力创建自己的品牌，在世界范围与迪士尼竞争，设法用环球影视取代人们心目中对迪士尼的特殊感情？这样，一个母亲走进一家音像商店，对迪士尼不屑一顾，而是挑选环球影视的牌子。我告诉你，这样的事情是不可能发生的。

可口可乐总是与世界各地快乐的人们联系在一起，不管是迪士尼乐园，还是世界杯，或者是奥林匹克运动会，那里的人们都是快乐的。所以说，可口可乐总是快乐的伙伴。现在，如果你给我一些钱，我不在乎多少钱，让我在全世界推销一种叫什么"RC 可乐"的饮料，让 50 亿人喜欢"RC 可乐"。这根本无法实现。你可以到处施展花招，你可以随心所欲，你可以在周末降价销售，但是，你根本无法撼动可口可乐的地位。这就是你们要的企业，企业不但要有护城河，而且还要不断加宽护城河。

如果你经营喜诗公司，你就要为让喜诗巧克力作为礼品会讨人喜欢做出一切努力，这就意味着喜诗巧克力的盒子里还装着无形的东西，装着卖喜诗巧克力的人的心情。如果我们都忙得不可开交，这就说明我们的生意做好了。

在圣诞节前的几个星期，在情人节这天，人们来到卖喜诗巧克力的商店排起了长队，下午 5 点，售货员把最后一盒喜诗巧克力卖给那个排了很久队的顾客。如果售货员对这位顾客发出微笑，我们的护城河就加宽了；如果售货员对这位顾客发牢骚，我们的护城河就变窄了。我们虽然看不到这条护城河，但我们却天天在做与之相关的事情。这就是问题的关键，这就是产品销售的秘籍，要让所有事情与它联系在一起，也就是说，让喜诗巧克力伴随愉快的事情发生。这就是生意经。

提问者：当我想买一家公司时，可数据分析认为不应该买。那么，公司量化和质化的东西都占多大的比重？

巴菲特：当数据告诉你不要买时，此时你买了，这肯定是一笔好生意。这是因为，当你凭直觉认为这笔生意不错，购买的不少垃圾企业，此时就应该考虑买入。

我曾购买过一家风电企业。我认为,风电就是垃圾企业。我买的这家风电企业很便宜,我只用三分之一的运营资金就把这家企业买了下来,而且,我们也从这家风电企业赚过钱。但是,风电的利润不具有可持续性,简直就是一锤子买卖。这样的生意不能做,这是我的一次投资失误。我还买过有轨电车公司等类似的企业,也都是投资的败笔。

关于质化的东西,大概当我接电话的时候,我就对此做出了判断,我买的所有公司的决定,都是在 5 分钟或 10 分钟内完成分析的。今年,我们还买了两家企业。一家是通用再保险公司,交割价格为 180 亿美元。也许你们不信,我从来没去过这个公司的总部——但愿有个总部存在。总部那里有几个人说他们这个月要报给我哪些数据,我告诉他们,我每个月只想看一次财务报表,表上只说"我们在银行有 200 亿美元存款,而不是 180 亿美元"。我这么大的一个公司,可我从来没去过公司总部。

商务飞机公司是一个拥有部分飞机产权的公司,在我购买这家公司之前,我从来没去过那里。三年前,我还为我的家庭购买了拥有四分之一产权的商务飞机,亲自体验了商务飞机的服务,认为它发展前景广阔。我确实获得了一些数据,但是,如果你得到想收购的企业信息后不能立即做出判断,即使再过一两个月,你也弄不明白。所以说,你必须有一定的有助于你理解力的背景知识,知道自己什么搞懂了,什么还没搞懂。这很重要,它决定着你的能力大小。

人的能力有大小,但重要的是要知道自己的能力究竟有多大,自己的认知领域究竟有多宽,不要让自己的行为超越自己的能力范围。在 1000 家公司的大盘中,你的能力范围只能容纳 30 家公司,只要你知道这 30 家公司应该是哪些,那么,你就可以投资了。你必须很好地了解这 30 家公司的业务,这样,你就没必要看大量的资料了。由于我早年已做好了功课,熟悉了一些产业,我就是按照菲利普·亚瑟·费希尔(译者注:Philip Arthur Fisher,

1907—2004,美国股票投资家,著有《平凡的股票,不平凡的收益》一书)的"闲聊方法",走出去与客户聊天,与供应商聊天,有时还与离职的老员工聊天,我与所有人聊天。当我对某一行业产生兴趣时,例如煤炭行业,我就会到处寻访煤炭公司,我会问这些公司的首席执行官:"如果你只能买一家煤炭公司的股票,但不能买自己公司的,你会买哪家公司的呢? 为什么?"如果你把这些信息综合起来,那么,你就很快了解了煤炭行业。

如果你问竞争对手,你得到的答案会是惊人地相似,这很有趣。如果你只有一颗子弹,要把它射进某个竞争对手的脑袋里,你会选择哪个竞争对手呢? 为什么?

你一定要选择在这一行业做得最好的竞争对手。你看,关于生意上的事情,你有很多东西要学。过去,我学这些知识是为了了解企业,所以,我不会再干掉一个竞争对手。投资的好处是,你不需要不断学习新知识,当然,如果你想学,可照学不误。然而,如果你在40年前了解了箭牌口香糖,你现在对箭牌口香糖照样了解。伴随你成长的是你的洞察力,所以,你的大脑里一定有个数据库。

我认识一个人,他叫弗兰克·鲁尼,他管理梅尔维尔公司多年。他岳父(译者注:John Ward Melville,1887—1977,美国企业家和慈善家,1922年接管了他父亲创建的梅尔维尔公司)死后,留下了"双H布朗"公司(译者注:Double - H Boots,以生产牛仔鞋著称,前身是梅尔维尔公司),这是一家制鞋企业。弗兰克要把这家公司交给高盛投资公司转卖。他在与我的一个朋友在佛罗里达打高尔夫球的时候,对我朋友提起这件事,我朋友便对他说:"为什么不联系沃伦呢?"打完高尔夫球,弗兰克便给我打电话,我用了5分钟就谈妥了这笔交易。

我为什么能在这么短的时间里就敲定这笔生意? 这是因为我认识弗兰克,也了解他的生意。我了解制鞋业的产业状况,所以,我买下了它。从量化的方面来说,我必须决定出多少钱收购这家公司。但是,你们知道,价格问题就是“是”或“不是”的问题，我不在谈判的时候兜圈子。如果我认为他们的要价合理，我就买下来；如果我认为他们的要价不合理，我就放弃这笔交易，但我照样开心，和谈这笔生意之前一样开心。

提问者：可口可乐公司最近宣布第四季度的利润会下降，你认为目前的亚洲金融危机会给可口可乐这样的跨国公司带来什么样的影响？

巴菲特：这个么，基本上说，我很喜欢可口可乐，因为在未来 20 年，可口可乐产品在国际市场上的增速要比在美国市场上的增速快得多。在美国，每人平均消费的可口可乐将会增长。在未来的 3 个月，或者是 3 年，可口可乐将面临一个困难时期，但困难时期不会延续 20 年。从世界范围来讲，人们的劳动效率并没有降低，他们会发现，与他们一天的劳动报酬相比，可口可乐还是很便宜的，一瓶可口可乐只占收入的很小的部分，多喝点也没关系，像我一样，我每天要喝 5 瓶。

在 1936 年，6 瓶可乐只要 25 美分，如果是零卖，则是一瓶 5 美分。那是 6.5 盎司的瓶子，瓶子的押金是 2 美分。6.5 盎司的可乐只需要 5 美分。现在是 12 盎司的瓶子，如果你在周末买，或者你买大瓶装的，由于省了包装成本，你用不到 20 美分就可以买 12 盎司。所以，现在每盎司可乐的价格仅比 1936 年高出一倍多一点。如果与这期间人们的劳动报酬增长幅度比较，可乐实际上是越来越便宜了。所以，人们喜欢可口可乐。

可口可乐垄断世界市场 100 多年，在 200 个国家和地区的人均消费量逐年增加，这真是难以置信。有一件事情人们不明白，那就是这个品牌价值千百亿美元，我说的是所有的可乐，在这里，我们用可口可乐，我也喜欢这个名字。

可乐没有味觉记忆。你可以在 9 点喝，10 点喝，下午 1 点喝，下午 5 点喝，你下午 5 点喝的那瓶可乐，味道感觉和你早晨喝的那瓶一样好。但加香苏打水（Cream Soda）、根汁水（Root Beer）、橙汁（Orange）、葡萄汁（Grape）就无法做到这一点，这些饮料会让你把味觉积累起来。许多食品和饮料有味觉积累作用,你喝多了,就会感到腻烦。

就像你吃喜诗巧克力,我们喜诗糖果公司的雇员们可以免费吃巧克力,他们来的第一天吃巧克力达到了近乎疯狂的程度,但是,一个星期后,他们再吃巧克力,就像是自己买的一样,吃得很少,这就是因为巧克力的味觉可以积累。而可口可乐就不存在味觉积累,这就意味着你可以让全世界的人成为重度消费者,一天喝 5 瓶,如果喝健怡可乐(Diet Coke),每天也许要喝 7 瓶或 8 瓶。如果是其他饮料,人们就不会消费这么多。这就是可口可乐的人均消费量大得让人难以置信的原因。

现在,世界人均日消费 64 盎司饮料。如果你一开始就喜欢喝可乐,那么,你现在一天喝 64 盎司仍不会感到有丝毫的腻烦感;但是,如果你开始喝的是别的饮料,如果你每天总喝那种饮料,你很快就感到腻烦了,不想再喝。这是个非常关键的因素。所以,今天全世界每天销售可口可乐 10 亿瓶,而且销量逐年增长。实际上,每个国家的销量都持续上升,人均消费量也在上升。再过 20 年,可口可乐销量在国际市场上的增速将超过在美国的增速。所以,我格外看好国际市场,因为随着时间的推移,国际市场的销量增速更快。

目前的亚洲金融危机会对可口可乐的世界市场带来一定的负面影响,但时间不会太长,这不是一个什么大不了的事情。可口可乐公司是 1919 年上市的,当时是每股 40 美元。19 世纪 80 年代末,钱德勒家族用 2000 美元回购了可口可乐的所有股份(译者注:可口可乐公司 1886 年创建于美国佐治亚州的亚特兰大),当它在 1919 年上市时是每股 40 美元。一年后,股价暴跌到每股 19 美元,一年内跌了 50%。你一定想,这对可口可乐公司来说是一场灾难,因为当时的食糖价格上升,装瓶工人也经常闹罢工,总之,问题很多,你总能找到一些理由,认为当时不是买入的最佳时机。几年后,又爆发了"大萧条",接着就是第二次世界大战,然后是食糖配额供给,跟着是核武器,如此等等,总会找到理由的。但是,最后的结果是,如果你当时用 40 美元购买一股可口可乐股票,假如每年把获得的股息再投资于可口可乐股票，现在就是500万美元（译者注：本金40美元，把每年的股息率14.63%作为复利，86年后的资产总值为40 * 1.1463^86 = 5031681美元）。这个事实压倒了一切。如果你正确选择了一个企业，你就会赚很多钱。用某一短暂时期企业遇到的问题来衡量企业的未来是很滑稽的，所以，如果我投资一家理想的企业，我不介意某次事件对公司来年的影响，如此等等。美国历史上有过几次物价控制时期，就是最优秀的公司也会因此受到影响，例如，我们的喜诗产品就不允许在12月31日涨价。但是，即使有物价控制政策，也不至于让企业一败涂地，因为物价控制是短暂的，不可能一直实施物价控制政策。在本世纪70年代，我们就有物价控制政策。

一个优秀的企业，你能够预测它会发生什么，但你不能预测何时会发生这件事情。你没必要对“何时”太关注，你应该关注的是“什么”。如果你能正确预测会发生什么，那么，你就没必要为何时发生这件事情而忧心忡忡了。

提问者：你对你自己投资上的失误，该怎么解释？

巴菲特：你有多少时间？（笑）（译者注：巴菲特的意思是投资失误很多，说来话长。）对我和我的伙伴查尔斯·芒格来说，关于投资的一个很有趣的口头禅就是，最大的失误不是来自我们做了什么，而是来自我们没做什么。我认为，失误就是对我们熟悉的企业没有投资，优柔寡断，没有果断出手。就这样，除了那些我们不懂的企业，对那些我们熟悉的企业来说，我们失去了赚数十亿美元的机会。实际上，我本可以从微软公司赚上几十亿美元，但这不意味着我投资失误，因为我一直不了解微软。但是，如果我能从医疗保险公司的股票上赚上几十亿美元，我会毫不犹豫地出手。当然，这方面我们有失手的时候。在克林顿政府的医疗保险计划出台后，很多人从中赚了个盆满钵盈，我们本应该从中大赚一笔，因为我熟悉保险业，可我们没有投资。

20世纪80年代，我们本应该从房利美大赚一笔，但我没有采取行动。

这是一个十亿美元,甚至几十亿美元的失误。当时人们都认为,房利美的经营模式并不违背会计准则。

你们知道我的投资失误。几年前,我买了美国航空公司的优先股(译者注:1989 年巴菲特用 3.58 亿美元购买了美国航空公司的优先股)。因为我当时手头有很多现金,所以,当我手头现金太多的时候,我就容易失误。查尔斯告诉我,如果手头的钱太多了,就去酒吧消遣,别坐在公室琢磨投资的事情。可我听不进去,总是腰缠万贯在办公室里踱来踱去,所以干了一些蠢事。这事时有发生,所以,我才买了美国航空公司的优先股,没有人强迫我买它。

现在,我有个 800 电话号码,当我打算买一家航空公司的股票时,我就打电话说:“我是沃伦,我一直对航空股有瘾。”他们就设法和我在电话上聊天,阻止我购买航空股:“别放下电话,不要鲁莽地做任何事情。”最后,我就抑制住了购买航空股的欲望。但是,我还是买了美国航空公司的优先股,并且看上去我们的投资似乎打了水漂,那笔投资风险越来越大,很可能血本无归。

你们看到了,我们注定是要损失那笔钱的。因为那是一只很诱人的股票,所以我们买了它。但是,那只股票并不是在一个诱人的行业。我对所罗门兄弟公司的投资也是如此(译者注:1987 年巴菲特投资 7 亿美元购买所罗门兄弟公司优先股,避免了该公司的破产),我们买了很诱人的优先股,但并没有买普通股。所以,你们可以认为这是一种类型的失误。之所以想购买,只是因为交易条款很诱人,而不是因为你喜欢这个行业。在过去,我就犯过这样的错误,也许将来还要犯类似的错误。

最大的失误就是没抓住机会。过去,当我有 10000 美元时,我拿出 2000 美元投资了辛克莱加油站,我蚀本了,可我投资加油站的这 2000 美元的机会成本现在大约是 60 亿美元,这绝对是个巨大的失误。如果我的伯克希尔·哈撒韦公司的股票下跌还能让我能找回些心理平衡,因为这样算来,我在辛克莱加油站投资机会成本的损失也就小些。我的机会成本收益率是20%。

我想告诉大家的是，要尽可能多地汲取别人失败的教训。但是，我没有花费时间来反思辛克莱投资失误的问题，因为我有个伙伴，由查尔斯·芒格思考这问题，我们一起打拼了40年，从未红过脸。我们虽然在很多事情上有不同的见解，但我们却从未为此争吵过。

我一旦做了选择，就会义无反顾。我们这样想，未来有很多希望，为做过的事情后悔毫无意义，因为这不能改变任何既成事实。所以，你只有一条路可走，那就是向前，向前，还是向前。

你也许能从失败中汲取教训，但是，关键的问题是你要坚持你熟悉的行业。如果是你能力范围之外的一般失误，如某人鼓动你买什么股票，或其他类似的事情，在你一无所知的领域，你应该学习能让你自己做出判断的一些知识。但你做决策时，就好像是看着镜子，要对自己说："我要用每股55美元的价格，购买通用汽车公司100股股票……"这是因为，如果你买了通用汽车公司的股票，是你自己要对自己购买这只股票负责。你买这只股票总是有理由的，如果你说不出理由，那就不应该买。如果是在鸡尾酒会上某人让你买的，这个理由可不怎么好。也不能把评论股票的图表看上去不错作为购买股票的理由。投资一定要有个理由，这是我们坚持的一贯原则，这也是本杰明·格雷厄姆教给我的。

提问者：你怎么评价当前的脆弱经济形势和利率？未来的走向如何？

巴菲特：我不考虑宏观经济上的事情。如果你很想投资，就必须弄明白哪些是重要的事情，哪些是可以理清的问题。对那些不重要也无法理清的问题，就要忘记它。你问的问题是个重要的问题，但在我看来我无法理清它。要知道，可口可乐就可以理清，箭牌口香糖也可以理清，伊士曼柯达也可以理清。那些可以理清的企业，你才能弄明白。是否重要，这还是取决于你对价值的认识、公司价格等等。我们买不买一家企业，不基于任何宏观的判断,因为这对一笔生意没什么影响。

例如,1972 年,我们买下了喜诗糖果公司的时候,我想,尼克松总统就是在稍后的时间里提出价格管制政策,但这又能怎么样呢?如果我们考虑宏观经济,那我们就会错过这次绝好的机会,当时的 2500 万美元,现在的税前润已经达到了 6000 万美元。我们可不想放弃依靠智力做事的机会,因为对一些问题的预测,我们也不在行。所以,我从不阅读也不收听有关宏观经济的问题。

投资咨询组织的典型做法就是,带着他们的经济学家到处召开什么投资咨询会,把经济学家赶上台,给你们描述一番宏观经济前景,然后,他们一切就从此开始。我认为,这些毫无价值。如果艾伦·格林斯潘(译者注:1987—2006 年任美联储主席)坐在我一边,罗伯特·鲁宾(译者注:1995—1999 年任美国财政部长)坐在我另一边,他们两位都在我耳边悄悄告诉我他们在未来一年里要采取的政策,这对我购买商务飞机公司或通用再保险公司等企业没有丝毫的影响。

提问者:与你身处华尔街相比,你认为离开华尔街对你有什么好处?

巴菲特:我在华尔街工作过几年,东海岸和西海岸都有我最要好的朋友,我喜欢与他们会面,每当我去那里,都能了解一些观点。但是,最好的投资决策过程是在房间里,不要有别人,自己在里面静静地思考。如果这不能帮你决策,那就没有别的办法了。

在任何形式的市场环境里,华尔街是一个极端的例子,那个环境给人很多负面影响,那就是让你受到过分刺激,你每天都在想你必须做些什么。过去,钱德勒家族花 2000 美元买了可口可乐公司,如果你能买到这么一个公司,那你就没必要做别的什么事情了。可见,投资的最高境界就是专心致志地做好一笔生意,不要这山望着那山高。按我的看法,钱德勒家族在后来的 1919 年就不该卖掉可口可乐公司。

所以,你们追求的,就是每年想出个好点子来,然后挖掘这个点子的最大潜能。要是在证券交易所，人们每五分钟就大声报价还价，在你眼皮底下把票据穿来穿去，你就很难静下心来思考，也就想不出什么点子来。华尔街是在动态中赚钱，你则是在静态中赚钱。

如果在座的每个人每天都不停地与其他人交换证券投资组合，最后，你们所有的人都会破产，是证券交易商把你们的钱赚走了。如果你们大家购买了几家普通企业的股票，然后就在这里坐等50年，到那时，你就会赚得盆满钵盈，而你的证券经纪人就要破产。证券经纪人就像医生，医生赚的钱由你多长时间换吃一种药决定，因为你每一次换药，都要找医生开处方。假如有一种药，可以治疗你余生的任何疾病，那他只能开一次处方，他只能得到你的一次付费。但是，如果医生能说服你每天换一次药，说这对你的身体健康很有利，这当然给医生带来很大的利益，而你并不会因此更健康，但你的经济状况却每况愈下。

所以，你必须远离那些刺激你行动的环境，华尔街就是这样环境。当我回到奥马哈市后，我有时会带着公司的名录去华尔街，其目的是调查这些公司，因为在华尔街做这样的事情效率很高。当我从华尔街回到奥马哈市后，我才真正思考投资事宜。

提问者：如果伯克希尔或微软不给股东派息，你如何给这样的公司估值？

巴菲特：我也不给股东派息，这是我可以担保的诺言。你购买伯克希尔股票，就好比把你的投资收益坚持不懈地存入银行的保险箱，每年打开保险箱，清点一下里面有多少钱。你把这些钱从保险箱里取出来，把玩一番后，就要放回到保险箱，以此作为对自己的精神奖励。千万不要低估这样做的价值。

问题的核心是，我们能否让投资保值，然后再考虑让投资以让人满意的比率升值。这就是我们设法要做的。我和查尔斯·芒格所有的钱都是这样投资的，这就是我们要得到的投资回报。我们从不要求股票期权（译者注：

美国企业高管的报酬主要来自股票期权。例如，公司与高管签订协议，规定完成年度利润增长10%的目标后，公司奖励高管100万股股票期权，股票的行权价为签订协议时的市价，假定为每股10美元。到年末，公司的利润增长超过了10%，实现了高管与公司的协议目标，公司则奖励给高管100万股股票期权。高管此时可以行权，假定此时的价格是每股20美元，高管先按10美元的行权价购买这100万股股票，然后再按照每股20美元的现价卖出，每股获利10美元，100万股共获利1000万美元。这1000万元就是高管的绩效奖，成为薪酬的主要构成部分)，甚至连工资都不领。但是，我们却一直努力让股票升值。当然，实现这一目标越来越难。我们管理的钱越多，让股票升值的目标就越难实现。如果伯克希尔公司只有现在是百分之一大，我们就会做得比现在好上一个百分比。

不错，管理伯克希尔公司是为了股东的利益，但并不一定要派息。这是因为，到目前为止，我们管理的公司每美元的盈利，或者说是可分配利润，都有了一定幅度的升值，其价值高于股东自己保管的每美元的价值。所以说，派息是很愚蠢的，即使股息免税，也不应该派息。假如伯克希尔公司派息，那一定是个错误，因为由我们管理一美元的股息会增值，到目前为止，已经远远高于一美元。但是，我们不能担保未来也会这样，有时，在这种游戏中也许会输个精光。

这就是生意，我们评价我们自己的唯一标准就是让股东的投资增值。我们不能根据公司办公大楼的大小来评价公司，也不能根据公司雇员的多少来评价。伯克希尔公司有45000名雇员，可总部只有12人，这12人的办公室总面积只有3500平方英尺(325平方米)，我们不会扩大总部。但是，我们要用公司的业绩来评价我们自己，这也是我们从公司领取报酬多少的唯一决定因素。但是，说真的，让投资增值，现在比过去要困难得多。

提问者：凭什么判断一笔投资的回报已经到达了它的增长极限？

巴菲特：如果我认为可口可乐公司会在10年或50年后破产，那我就不会投资该公司。我认为,可口可乐公司公司遇到预想不到的问题的可能性是零。所以,我们想做的,就是投资那些值得永远拥有的企业。我认为,人们投资伯克希尔公司,也有这种想法。我希望购买伯克希尔股票的人要计划永久持有该公司的股票。当然,出于这样或那样的原因,有人会抛售这只股票,但是,我希望他们在买股票的时候,要把这看作是自己在买一家企业,要把这家企业一直拥有下去。

当然,我并不是说投资就这一种形式。购买了伯克希尔公司的股票,就加入了我的团队,我可不想让这个团队里的人走马观花似地换来换去。我评价伯克希尔公司就是根据股票的换手率,换手率越低,说明我的公司经营得越好。这好比有个教堂,我就是牧师,如果每个礼拜日参加圣会的人有一半是生面孔,我不会说:“我们教会的人员流动性很大,这真是太好了。”你看,这就颠倒了黑白,是非不分。我希望的是,每个礼拜日教堂的座位上坐的是相同的人。

当我们投资一家企业,我们就应该用这种方式看待它,我们要买的东西,应该永远拥有它。但我发现,这样投资的人并不多。我在创业初期,我的点子比我的钱多,所以,我不断出售我认为最不具吸引力的股票,为了买我认为很便宜的股票。现在的情况就不是这样了。所以,我们希望我们购买股票时,要认定自己购买的是企业,持股 5 年后,我们也和现在一样高兴地继续持有它。如果我们发现了一个值得购买的大企业,为了完成收购,我们也许不得已要卖掉一些股票来筹资。为了获得那个大猎物,出售股票也是令人高兴的一件事情。

我们从来不为自己的一笔生意定个目标价格。例如,如果我们用 30 美元购买一份资产,即使这份资产的价格升到 40 美元,50 美元,60 美元,或 100 美元,我们也不会转卖。这就是我们的投资模式。还有,当我们购买一家私人企业,如花 2500 万美元购买喜诗糖果公司,我们也不会因为有人出价 5000 万美元而卖掉它,因为这不是我们经营企业的方式。

我们经营企业的方式是不断扩大再生产,创造更多的利润,难道不是吗? 如果答案是"是",那么,就无需再问更多的问题了。

提问者:你是如何决定投资所罗门兄弟公司的?

巴菲特:投资所罗门兄弟公司,正如我刚才所说,我们在 1987 年 9 月签订的协议,证券利息是 9%。这一年的道琼斯工业平均指数上涨了 35%,于是,我们就卖掉了很多股票,手头一下子有了很多现金,我当时还没给这笔钱找到投资渠道。就这样,我买了很诱人的证券,而这个行业我连普通股票都没买过。

我投资所罗门兄弟公司的原因,就这么简单。我通常认为,这是一次投资失败。最后,我逃了出来,结果还不错。但是,我本不该做这笔生意。我当时应该手持现金再等等更好的投资机会,那样,我就可以在大约一年后购买更多的可口可乐公司的股票,或者我当时就应该买可口可乐公司的股票,尽管当时的股价相当高。所以,我投资所罗门兄弟公司是一次失误。

关于长期资本管理,这也是我们过去一些年来所拥有的与证券有关的业务,其中一项就是套利。我做了 45 年的套利,在我之前,格雷厄姆做了 30 年的套利。很不幸,做套利生意,我必须时刻守着电话,而且我必须离开办公室东奔西跑,亲自去操作。由于套利要求对市场有很好的理解,所以,我现在不再做套利生意了。今后,除非出现了我能看明白的大的套利机会,否则我是不会再从事这个行当了。但是,在我的一生中,我大概做了 300 笔套利生意,也许更多。套利是不错生意,是非常好的生意。

长期资本管理公司建立了很多头寸,举不胜举,但最大的 10 个头寸 90% 的资金有风险敞口,我对这 10 个头寸有所了解。我不敢绝对地说对这些头寸了如指掌,但我也掌握了足够的信息,可以在高贴现率时买进,我们也有实力长期持有。当然,我们也有可能在这方面赔钱,但是,我们还是能把握机会的,我对这种游戏还是很在行的。

我们还建立了其他一些头寸,这些头寸并不大,因为无法做大。这些头寸牵扯到收益率曲线,或者与政府的新老债券有关,如果从事证券业时间长了,就会明白这些知识。但这不是我们的主业,每年长期资本管理的收益只占我们全部收益的0.5%到0.75%。相对长期资本管理的投入来说,这点回报微不足道。

我最初做的几笔套利生意包括一个用可可豆置换股票的公司。那是1955年,我买了这只股票,得到的是可可豆库存凭证,但种类弄错了,而且差别很大,我就把这只股票卖掉了。那时,由于我亲自做了可可豆套利生意,所以,对它有了了解,我对这笔生意记忆犹新。但从此以后再也没有可可豆套利生意可做了,40多年来我一直期望再做一笔,但我遇不到。所以,从某种意义上说,长期资本管理公司就是规模放大了的可可豆套利生意。

提问者:你怎么看待分散投资?

巴菲特:关于分散投资问题,我的回答分两个层次。如果你不是一个专业投资者,那么,你所期望的投资回报就不应该比世界平均水平高,这时,我强烈建议你分散投资。我认为98%到99%的投资者应该最大限度地分散投资,不要大量买入股票,而是投资某种指数基金,指数基金管理费用很低。他们所要做的一切就是拥有美国的一部分,他们认为,很值得拥有美国的一部分。我对此并没有异议,那就是他们为到达目标所选择的道路,但他们在博弈过程中,在神经高度紧张的状态下做出决策,评估企业。一旦你进入了企业的评估程序,你就要投入更多的精力和时间,努力把事情做好。我认为,在这种情况下,从某种程度上来说分散投资是错误的。有一天,我在太阳信托银行有人问我这个问题,我的回答是,如果你真懂得生意,那么,你的投资就不应该超过6个企业。

如果你能选出6个极具吸引力的企业,这就是你所需要的分散投资范围,这样,你就能赚很多钱。如果你此时还要把钱投资到第七家企业,而不是在你先前选的第一家企业追加投资,我敢打赌,这一定是个投资错误。没有人会从他们的第七个点子上赚到钱。但是,很多人是从他们最好的点子上发财的。

所以,对那些真正懂得生意又有一定资金的人来说,投资 6 家企业就足够了,而我对我最喜欢的企业来说,我只选择其中的一半进行投资。我自己没有分散投资,我认识的人也没人分散投资,但沃尔特·施洛斯(译者注:1916—2012,美国独立价值投资家,他同时投资的股票超过 1000 只。他没读过大学,办公室只有 1 间,直到 2002 年才增加到 4 间。他没有任何办公人员,只有他儿子帮他)是个例外,施洛斯在很多股票上投资,我称他是“诺亚”,因为他在任何行业都选两只股票投资(译者注:根据《圣经·旧约·创世纪》记载,上帝见地上充满腐败、堕落和邪恶,便计划用洪水消灭所有恶人。诺亚是个义人,上帝指示他建造一艘方舟,方舟载着诺亚一家和从每种动物里挑选的一雌一雄两个,避免了被洪水淹没)。

提问者:你认为可口可乐公司与宝洁公司有什么不同?

巴菲特:是这样,宝洁公司是一个非常好的企业,它营销能力非常强大,拥有众多知名品牌。但是,如果你问我,假如我离开 20 年,需要把家庭的所有净资产投资到一个企业,我会选择宝洁公司还是可口可乐公司?实际上,宝洁公司的产品多样化,但是,我把钱投资给可口可乐公司感到更放心。如果有人让我在未来 20 年的期间内一定要投资到宝洁公司,我也不会为此感到不高兴。我的意思是,宝洁公司位于我最看好的企业中最优先选择的 5% 的行列,这是因为,它不会消亡。但是,在未来 20 年或 30 年,我更看好可口可乐公司产品的单价上涨和定价权。

从目前来看,可口可乐公司的定价权也面临着挑战,但是,你可以想想,可口可乐公司每天销售 10 亿瓶,每瓶涨价 1 美分,那每天就多赚 1000 万美元。我们拥有可口可乐公司 8% 的股权,这就意味着在多赚的 1000 万美元中,有 80 万美元流进了我们的伯克希尔·哈撒韦公司的账户。你完全可以从可口可乐公司的产品里每份多赚 1 美分,这并非不可能,我认为,它值得再涨 1 美分。

从现在市场情形看，如果在大多数市场上设法涨价，这似乎是个错误。但是，随着时间的推移，可口可乐公司会从每份产品上赚比现在更多的利润。我敢担保，再过20年，可口可乐公司将从每份产品上赚更多的钱，销量也会增加。虽然我不知道每份产品会涨价多少，也不知道销量会增加多少，但我知道，肯定要涨价，销量也肯定会增加。

我认为，宝洁公司的主流产品不具有市场垄断能力，宝洁产品的单价也不会上涨。但是，宝洁公司是个非常不错的公司，所以说，如果你让我把我家庭的净资产全部投资到宝洁公司，让我只拥有宝洁公司的股票，我并不会为此感到不高兴。我也许宁愿选择别的公司，但我并非青睐所有别的公司。

提问者：你会买麦当劳公司的股票并且在未来20年一直持有吗？

巴菲特：麦当劳有很多事情要做，尤其是海外市场。麦当劳在海外许多国家的地位要高于它在美国的地位。随着时间的推移，麦当劳的生意会越来越难做，人们不喜欢每天都吃麦当劳，但对儿童还是有一定的吸引力，因为他们去吃麦当劳，可以得到布娃娃之类的礼品。

如果有人今天喝5瓶可乐，他明天也许还要喝5瓶，但快餐业要比这难得多。如果你一定要投资快餐业，希望它是一个世界"巨无霸"，那么，就可以选择麦当劳。我的意思是说，麦当劳在快餐业最强势。

麦当劳无法满足成年人的口味。麦当劳的口味很适合儿童，对成年人只能说是过得去，但它不是毫无悬念的赢家。最近几年，麦当劳不断用降价促销，一年前的情形你们是记得的。现在，麦当劳越来越依赖降价，而不是靠产品本身来增加销量。

我更喜欢靠产品本身求发展的企业。从这一角度来说，我更喜欢吉列公司，如果人们买吉列"锋速3"剃须刀，那是因为人们喜欢"锋速3"，而不是为了购买"锋速3"会得到一个诸如布娃娃之类的礼品。所以，我基本上认定，如果情况是这样的话，吉列产品确实很强势。而实际上，情况大概就是如此。伯克希尔·哈撒韦公司就拥有吉列公司的大量股票。如果你想想有20亿男人脸上的胡须每夜都要长出来,还有更诱人的,每个女人有两条腿需要剃体毛,你晚上一定睡得很香甜,这要胜过你靠数数入睡。这就是你要找的企业。

但是,下个月我采取什么样的促销策略来压制汉堡王(译者注:Burger King,世界著名快餐连锁店,1953年创建于美国佛罗里达州的杰克逊维尔)?他们是否与迪士尼签约而我没有迪士尼的股票?所以,我喜欢独一无二的产品,这样,就不需要靠降价等噱头来促销,尽管你可以靠这种手段把生意做好。麦当劳是一家很棒的企业,但它赶不上可口可乐。可口可乐非常之好,能赶上它的企业还真难找。如果你一定要在快餐业投资,那就把赌注押在麦当劳上吧。

不久前,我们买了冰雪皇后,所以,我在这里也顺便厚颜无耻地宣传一下。(笑)

提问者:你认为在能源行业投资怎么样?

巴菲特:我也一直考虑这个问题,因为这要投入很多钱。我也考虑过要彻底买下一家能源企业。实际上,我们的奥马哈市公司总部就有人在做这方面的工作,是通过加利福尼亚能源公司(译者注:主要从事地热开发,1991年公司从加利福尼亚州迁往内布拉斯加州的奥马哈市,即伯克希尔·哈撒韦公司总部所在地)来做的。但是,关于能源行业如何在政府解除调控后发展下去,我还不太清楚。其实,我看到了一些高耗能企业一旦失去政府的垄断保护,就会立即损失其价值。所以,究竟哪家能源企业会收益,收益多少,我还看不出来。

显而易见,那些低成本能源企业具有巨大优势,例如水力发电的成本只有每千瓦时2美分。但是,这些电力有多少被本地留用,多少送往外地,我还不太清楚,但这个行业未来10年的发展趋势,我还是知道的。

但是,我一直考虑投资能源企业,一旦我理出了头绪,我就会采取行动,在这个领域投资,因为我看到了能源产品的吸引力。我知道,能源有诸多优势，例如，消费者对能源的需求是稳中有升的，现在能源价格也很便宜。但我不知道，在未来10年，谁会成为能源市场上的赢家，所以，我一直对能源领域敬而远之，不敢贸然投资。

提问者：为什么大企业会胜过小企业？

巴菲特：我不在乎公司的大小，是大公司，还是小公司，抑或是微型公司，这没什么区别。我们所关注的问题是：

我们弄明白这个企业了吗？

我们喜欢这个企业的管理层吗？

这个企业的出价是不是具有吸引力？

拿我自己来说，我管理着伯克希尔公司，我们的财务预测收入有来自通用再保险公司的750亿~800亿美元的保费，而我只能投资5家公司，这就迫使我必须投资大型公司。但是，如果供我投资的钱只有10万美元，我就不在乎公司的大小了。我只投资我熟悉的企业。

现在，我认为，总体上讲大公司在过去10年里发展得非常好，远远超出人们的预期，美国的企业收益率已接近20%，没有人会梦想到如此之好。但从整体上讲，这是大型企业带来的收益。由于较低利率和高资本收益率，这些大型公司的再估值就有很大的增幅。这里美国企业就像是一种变相的债券，票息率是20%，当然，票息率是20%的债券要比票息率是13%的债券好。这就是最近几年美国大公司的情况，但这种高收益率是否能持续下去，这还是一个问题，我对此持怀疑态度。

所以，我根据管理资金的多少来投资，我甚至从来不考虑公司的规模，我不在乎公司的大小。我们在收购喜诗糖果公司的时候，交割价格只有2500万美元。如果我现在还能发现一个这样的公司，像我们的公司一样大，我照样乐意把它买下来。我考虑的是它的一些确定因素。

提问者：你如何评价房地产业的证券化？

巴菲特：房地产业存在巨大的债务证券化问题，这是严重阻碍资本市场发展的一个因素。抵押支持证券(译者注:抵押贷款的债权人把所有该类贷款放在一起做成证券卖给投资者,把收回的现金重新放贷)没什么发展,我说的是商业房产抵押支持证券,而不是居民住房抵押支持证券。

但我认为,你要问的大概是房地产企业的股票。如果你不考虑公司的形式,股票并不是拥有公司的良策。因为股票持有人须按单一税率交纳红利税,而上市公司在分配公司利润前,要先交企业所得税,这样,按照正常的公司模式,你就被重复征税(译者注:美国税法规定,企业有了利润,必须先交企业所得税,企业所得税由联邦政府和地方政府重复计征,然后才可将税后利润用于股东分配。美国联邦企业所得税的税率很独特,累进与累退参差交互,即企业收入达到一定数额前的税率是累进的,当收入达到这一数值后就开始累退,最高税率为38%;派发给股东的股息按15%的单一税率征收红利税)。你真没必要用这种方式拥有公司,因为这要把投资回报拿出相当一部分来纳税。

实际上,一些不动产投资信托就发明了一种避税方法,可以让你避免被重复征税(译者注:美国税法规定,不动产投资信托的在交纳企业所得税时,应税利润不含分配给信托受益人的投资收益,分配给投资者的投资收益由有个人交纳联邦个人所得税),但他们的管理费用也相当高。如果你想投资不动产信托,假定你是买的最简单的信托产品,收益率为8%,或类似的收益率,但要拿出接近1% ~1.5%的管理费用给不动产投资信托,用这种模式投资不动产的吸引力也就大打折扣了。如果你手里有1000美元或5000美元,也许可以交给不动产投资信托来管理;但是,如果你手里有100万美元或1000万美元,那就最好是自己直接购买不动产,这样就可避免中介商从你的收益中分走一大块。所以,我们发现,在房地产领域没有多少值得投资的企业。

在未来的几个星期里,你也许会发现我今天说的与事实不符。我不想在这里欺骗你们,通常来讲,我们在房地产领域实在看不出有让我们值得兴奋的地方。人们有时很困惑，他们看到一些大型地产公司，如德克萨斯太平洋土地信托（译者注：1888 年创建于美国德克萨斯州的达拉斯市，目前拥有 3600 平方公里土地，是德克萨斯州最大的私人土地拥有者），它有 100 来年的历史，在德克萨斯州拥有几百万英亩的土地，但每年只能把其中的 1% 卖出，这就是他们的收入，如果用土地的市场价值衡量，那些土地将是一笔巨额财富。但是，如果你真拥有这笔财产，这对你来说没多大意义，因为你不能移动些土地，你不可把这分财产的 50% 或 20% 移走，它连流动性极差的股票都不如。我认为，你们得到的信息是人们对很多房地产公司的愚蠢的估值，这些人根本不懂拥有一片土地或设法移动大量财产会是什么情景。

你们知道，不动产投资信托在房地产市场的表现很糟糕，已成为垃圾企业，并逐步淡出人们的视线，如果你想赎回自己的投资，他们将不得不打折贱卖不动产。在这个过程中，不动产投资信托会是很有趣的一类企业，因为管理层会与你斗，因为不动产卖不出去或打折出售，都会让他们失去管理资产的收益率，而他们的利益与股东的利益总是相反的。

不动产投资信托总是鼓吹他们的资产有多么好，我总是对此持怀疑态度。现在，他们管理的资产被白菜价甩卖，管理人员走出去卖股票。这里有个自相矛盾的现象：他们说他们的股票价格是 28 美元，已经很便宜了；可他们卖的大量股票价格加上承销佣金才 28 美元，他们言行不一，自相矛盾。但是，我们仍对房地产业保持关注。

我和查尔斯对房地产业还是了解的，我们会时不时地寻找大的不动产交易。如果房地产领域有类似长期资本管理公司的事件发生，我们会毫不犹豫地出手收购。现在的问题是，其他人也对房地产虎视眈眈，所以，即使有收购的机会，价格也许对我们也没有太大的吸引力。

提问者：如果股市是熊市，这对你有利吗？

巴菲特：对于股市未来的走向，我一无所知，但我希望未来是熊市。可我的偏好并不能左右股市，因为股市并不懂我的情感。这是你们学习股票必须首先弄明白的。

当你买了100股通用汽车公司的股票后，就突然对通用汽车公司产生了感情。当它的股票下跌时，你就会对它大发雷霆："哎，如果它止跌反弹，那我的生活就会重新好起来。"当它的股票上涨时，你就会认为自己是多么精明，你和通用汽车的恋情是多么甜蜜。你一旦投资股市，就会有所有这些情绪，但股票本身并不知道你拥有了它，它压根就没挪窝，它才不在乎你为它支付了多少钱，更不在乎谁买了它。我对股市看法是，它没有感情，既不会感恩，也不会报。我的意思是，我们在这里谈论一个冷血动物。

实际上，在未来10年里，在座的各位都有可能成为股票的净买家，而不是净卖家。所以，你们都希望股价低些。打个比方，在未来10年，如果你总吃汉堡包，肯定希望汉堡包降价；但如果你是一个养牛的牧场主，那肯定希望汉堡包涨价。如果你是可口可乐的消费者，而且不拥有可口可乐股票，那你就希望可乐价格下跌，希望你家附近的超市在本周末就降价促销。如果你管理超市，你就会在每个周末降价销售可口可乐，而不是涨价。

纽约证券交易所就如同一个大超市，你去那里买股票，你希望什么呢？你当然希望股票降价，一路下滑，因为这样可以让你买到便宜货。你把股票持有20年或30年，这就相当于储蓄，你退休后，就可支取你的储蓄来养老，或者你的子孙们帮你支取储蓄，那时，你当然希望股票价格涨上去。

格雷厄姆在他《智慧的投资者》一书的第8章就非常生动地描述了人们对股市情绪的波动，第20章是关于安全边际的，就我所知，这两章是所有关于投资著作和文章中的最重要的论述。当我19岁时，我读了第8章后便恍然大悟，因为我刚才所讲的那些道理显而易见，可我自己就是悟不出来，是第8章给我解释清楚的。如果不是第8章，就是再过100年，我也许还认为股价越高越好。所以，我希望股市是熊市，但对股市的未来走向，我实在说不清。我永远搞不清，也不想搞清楚，因为它压根就不是我考虑的事情。

熊市时，我会更用心研究我该买哪只股票，因为我知道，一定有一些股票会更有效率地使用我的资金。

主持人:好了,沃伦,请你在听众里挑选最后一个提问者。

巴菲特:还是你来挑选吧,你自己提问也行。

提问者:如果有来生的话,你会做什么使自己有一个比现在更快乐的生活?

巴菲特:这个问题听起来不太舒服。你提的问题是不是:如果我的人生重新开始,我如何活出一个更快乐的人生?我想,如果这样的话,唯一要做的就是选择寿命超过120岁的人的基因库,或者我自己所在的基因库。

我的一生非常走运。我想在这里用一两分钟的时间举个例子,因为这个例子值得花点时间去思考。

假如在你出生24小时前,有个精灵来到你身边,他对你说:"小不点儿,你看上去前程似锦。我有一个难题,那就是必须为你设计一个你将要生活的世界。我想,这太难了,还是你自己来设计吧。所以,你要在24小时里确定这个世界的社会规则、经济规则和政府管理规则,你、你的孩子、你的孩子的孩子都要受这些规则的约束。"

你问精灵:"我能想设计什么就设计什么吗?里面是不是有个圈套?"精灵说是有个圈套。你不知道你生下来会是什么样子:黑人还是白人?富人还是穷人?男人还是女人?虚弱还是强壮?聪明还是愚钝?你所知道的就是,在一个装着65亿个小球的大篮子里(译者注:在这例子中,一个小球代表世界上的一个人)挑选出一个。于是,你就参加这个"子宫抓阄",这是决定你人生命运的最重要的事情,因为这决定着你生在美国,还是生在阿富汗;决定着你出生时的智商是130,还是70。它决定着你的一切。那么,你要设计的世界该是个什么样子呢?

我认为,这个例子是帮助解决社会问题的好方法。因为你不知道自己会抓到一个什么样的小球,这样,你就要把世界机制设计得能提供丰富的物品和服务,因为你想让所有的人都能过上好生活。同时,你也让世界提供的物品和服务越来越多,好让你的儿女过得比你好,让你的孙子孙女过得比他们的父母好。但是,你也要让这个机制提供足够多的物品和服务,这样,那些不幸摸错小球的人,那些在这个机制里没有得到机会的人,就不至于被整个社会抛弃在后边。

我来到这个世界上,幸运之神眷顾了我。我不停地买与卖,我能有机会分配资金。这没什么了不起。如果我们大家乘坐一条船在一个遥远的荒岛上搁浅,永远也走不出来,那么,随着时间的推移,种稻谷收获最多的人就成为荒岛上最有价值的人。我说"我能有机会分配资金"你们没有表现出惊讶,这说明我生在一个正确的地方。

盖茨说,如果我出生在 300 万年前,我也许就成了一些动物美餐。他说:"你不能跑得很快,也不能爬树,你不能做任何事情。"也许你出生的第一天就被野兽吃掉了。所以,你们出生在今天是幸运的,我也不例外。

再回到刚才那个问题上来。现在篮子里有 65 亿个小球,代表着世界上的所有人。如果你能把代表你的小球放回到篮子里,然后再重新摸一个,有人随机取出 100 个小球,你只能从这 100 个小球里抓阄。你会把你的小球放回到篮子里吗?

现在,在这 100 个小球里,大概有 5 个是美国人(译者注:指美国人口占世界人口的 5%),世界其他国家的人口与美国人口的比为 95:5。如果你想成为一个美国人,只有 5 个选择的机会,但其中还有一半是女人,一半是男人;一半是低智商,一半是高智商。我让你自己决定如何选出你想要的那个小球。现在,你想把你的小球放回到篮子里重新选择吗?

我想,你们多数人不想把自己的小球放回去,然后再在那随机取出的 100 个小球里重新选择。这时,你们会说:"世界上的人只有 1% 的概率成为坐在这里的最幸运的人(译者注:美国人口占世界人口的 5%,因为有男女两个性别,这样,出生在美国概率就是 2.5%;又因为一半是高智商,一半是低智商,而能进入大学的人被认作是高智商,所以,能成为美国人并能进入大学读书的概率只有1.25%，约1%），我就是其中的一员，属于世界顶尖的1%的人。这就是我的感受。”

我很幸运能生在美国，因为当时世界其他国家的人口与美国人口的比为50∶1（译者注：巴菲特此处表述有误，他出生在1930年，当年世界人口为20亿，美国人口为1.2亿，世界其他国家的人口与美国人口的比为16∶1）。能与父母在一起，我很幸运；我事事如意，我很幸运；我能成为市场经济的弄潮儿，并得到了丰厚的回报，我很幸运。还有很多和我一样的好公民，他们有的带领童子军（译者注：美国童子军创建于1910年，其目标是对青少年进行品德教育和公民素养培养，促进身体和智力发展。2012年美国全国共有108971个童子军团队，青少年队员2658794名，成年人队员1039825名），有的在星期日学校教书，有的养育美好家庭，等等，等等，只是他们不像我们一样选择了市场投资。所以说，我感到自己非常幸运，如果有来生，我还想成为幸运儿。

接下来，就该结束“子宫抓阄”游戏了，做自己终生喜欢的事情，与你喜欢的人交往。我只与我喜欢的人合作，如果一个人让我反胃，即使与他合作能赚1亿美元，我也不干。如果合作只是为了金钱，这恰似为了金钱结婚，这在任何情景下都不是个好主意。如果你已经很富有了还这么做，这更愚蠢。我可不想为金钱结婚。如果有来生，我会再做今生做过的任何事情，当然，我绝不会再买下美国航空公司了。

谢谢。

乔治·索罗斯(George Soros)

(索罗斯基金管理公司和开放社会研究所主席)

2009年10月30日,匈牙利布达佩斯

在中欧大学系列演讲的第五部分

未来的路

谢谢大家。为了更好地理解人类发生的一些事件,我在这个系列演讲中提出了一个理念框架。这些事件并非由永恒不变的科学规律决定的。当然存在科学规律,但这并不足以决定事件的发展进程。之所以这样说,复杂性是一个原因,事件参与者的思维是另一个原因。

我已经讲了事件参与者的思维和现实之间的反身性(译者注:reflexivity,索罗斯提出的一个经济哲学概念,指事件参与者的思维与事件永远处于变化之中,并相互作用,不会达成均衡)和双向关联,我也强调错误理解和错误观念在事件现实形成过程中的决定作用。可奇怪的是,这些互相影响都被忽视了。这些影响为事件带来了不确定因素，除了显而易见的一些情况外，预测未来几乎是不可能的。

然而，我们仍然可以提出大致合理的方案，评估其实现的可能性。我们也可以设定一个期望的结果。以上两种方法我都运用过，而且经常用。的确，我可以称作是这方面的专家。作为投资者，我专注于预测；作为慈善家，我则专注于提出解决方案。由于前者我做得很成功，这就让我有足够的资金支持后者。我今天的演讲就是讨论如何实现这两项任务。

我们所处的年代，各种不确定性广泛存在。我们刚刚度过了第二次世界大战以来最严重的金融危机（译者注：指2008年美国房地产泡沫破灭引发的金融风暴）。这次金融危机波及面之广、危害之严重，是以往历次危机所无法比拟的。日本发生过类似的危机，那是1991年，日本房地产泡沫破灭引发经济危机，至今尚未完全复苏。还有美国，那是20世纪30年代的“大萧条”。这次危机与日本危机不同，日本那次危机仅限于日本一个国家，而这次危机席卷全球。这次危机与20世纪美国“大萧条”也不同，“大萧条”使金融系统崩溃，而这次危机并没有让金融系统崩溃，而是给它人工“输血”维持运转。

事实上，我们当今所面临的信贷和杠杆问题比20世纪30年代的“大萧条”要严峻得多。1929年，美国信贷余额是国内生产总值（GDP）的160%，到1932年增长到250%。2008年初，美国信贷余额是365%，这还不包括广泛使用的大量金融衍生品，而这些衍生品在20世纪30年代根本就不存在。尽管如此，人工“输血”竟然灵验了。雷曼兄弟公司倒闭仅一年，金融市场趋于稳定，股市开始反弹，经济表现出复苏迹象。人们想回到正常的经济状态，把2008年的金融风暴当做一场噩梦。

我很遗憾地告诉大家，经济复苏势头似乎已经衰竭，甚至会出现第二次探底，虽然我不能确定第二次探底会发生在2010年还是2011年。

持我这种观点的大有人在，虽然这与主流观点相悖。复苏持续的时间越长,相信复苏的人越多。但我的判断是,这种主流观点与现实情况大相径庭,这种认识远远落后于现实,这就是典型的非均衡状态。更复杂的问题是,这种认识滞后于现实也是双向的。大多数人没有认识到这次危机与过去的不同,没有认识到我们正处于一个时代终结。还有一些人,包括我自己,不能准确预测复苏的程度。

这种认识的混乱不只限于金融领域,它也延伸到整个国际舞台。苏联帝国解体后,美国成了世界上唯一的超级大国,没有任何国家或国家集团可以挑战美国的霸权地位。但是,这种单极世界秩序并不稳定。小布什总统为了维护美国的霸权地位,编造借口入侵伊拉克,其效果与他的愿望大相径庭,美国的国力和影响力跌入谷底。伴随国际关系的不稳定是国际金融系统的混乱。新的国际秩序终将出现,但并非和过去一样由美国主导。

为了理解发生在我们周围的事情,我们需要一个新的理念框架,它与以往我们习惯了的理念框架截然不同。有效市场假定理论是把金融市场孤立地看待,完全不考虑政治因素对它的影响。这就扭曲了现实情况。我在过去的演讲中多次提到,在市场"看不见的手"的背后,有一只看得见的"政治手",这只"政治手"制定法规、政策,规范、调节市场机制的运行。我的理念框架与政治经济学有关,与抽象的市场经济学无关,尽管市场经济受制于亘古不变的规律,但我把金融市场看做是历史学的一个分支。

第二次世界大战后重新建立起来的国际金融系统,并没有创建一个公平的竞争环境,其设计初衷就不平衡。国际金融机构,诸如国际货币基金组织和世界银行是按股份制公司的组织模式组建的,富国拥有不成比例的投票权并且控制了理事会。面对处于核心地位的富国,边缘的穷国显然处于不利地位。

国际金融系统从建立那天起就被美国控制。尽管英国的凯恩斯勋爵(译者注:John Maynard Keynes,1883—1946,英国经济学家)提出召开布雷顿森林会议(译者注:1944 年 7 月在美国新罕布什尔州布雷顿森林的华盛顿山大旅社举行,45 个国家通过了《国际货币基金协定》,确定美元与黄金挂钩,一盎司黄金等于 35 美元。1973 年布雷顿森林货币体系崩溃),但美国代表团团长哈里·怀特具体组织会议。从那时起,我们从一个几乎全面监管的金融系统变成了一个几乎完全无监管的金融系统,这种转变就是由美国主导的,而且这一体系继续受"华盛顿共识"(译者注:1989 年国际金融机构在华盛顿召开会议,提出了拉美国家经济改革的 10 条政策,被称作"华盛顿共识")指导。

尽管"华盛顿共识"政策本应对任何国家是平等的,但是,美国作为主要国际货币的发行者,却比别人"更平等"。实际上,国际金融系统是个双层体系:能用自己的货币借款的国家构成该系统的中心,而借款要由一种硬通货来实现的国家则构成系统的外围。如果一个国家遇到困难,获得援助的条件很苛刻,在这种情况下,对核心国家和外围国家都是一样的。但是,如果核心本身面临威胁,那么,维护该体系就成为最优选项。

1982 年国际银行业危机时就发生过这样的情况。如果允许债务国违约,银行系统就会崩溃。因此,国际金融机构联手采用被我当时称作的"集体放贷体系"。放贷银行要对贷款展期,这样,借款国就可以得到足够的额外资金用于还本付息。这样做的结果是,让债务国经济严重衰退,拉丁美洲的经济增长就因此被压制了十年,而银行系统不但可以走出困境,还能盈利。如果银行的准备金充足,还可以把这些贷款重组成布雷迪债券(译者注:20 世纪 80 年代由发展中国家发行的一种债券,用于置换到期的债务),这样,银行就必须承担损失了。

1997 年类似情况再次发生,但是,那时银行已经学会了把贷款证券化,这样,就不至于被逼得走上"集体放贷体系",而大部分损失则由债务国承担。这就建立了一个模式:债务国受到严格的市场约束,如果金融系统面临威胁,正常的监管法规就暂停执行。这样,尽管是银行集体行为的失败,但也可把银行给解救出来。

2007 年到 2008 年爆发的金融危机则不同，因为它爆发于核心国，外围国只是在雷曼兄弟公司破产后才卷入的。国际货币基金组织面对的是一项新的任务：保护边缘国家免遭爆发金融风暴的核心国的影响。可该组织没有足够的资金，于是，成员国紧密合作，很快就筹集到了一万亿美元。尽管如此，国际货币基金组织应对当时的局面还遇到不少困难，因为它是为解决公共部门的问题而创建的，而信贷短缺主要对私营部门造成影响。总的来看，国际货币基金组织在改变角色处理这项新任务时表现得非常出色。

总之，国际金融机构应对这次危机的做法与过去没什么不同：救助将要倒闭的金融机构、货币供应和财政刺激。然而，这次危机要比以往的危机严重得多，采取同样的措施并未奏效。例如，对雷曼兄弟公司的救助就失败了，这一事件使金融系统遭到重创：金融市场实际上已经停止运转，必须对它"输血"。这就意味着政府必须出手为金融机构担保，不能再让可能影响到这个系统的金融机构倒闭。此时危机蔓延到边缘国家，因为这些国家不能为金融机构提供信贷担保。东欧在这次危机中受到的打击最大。核心国家利用自己央行的资产负债表向金融系统注入大量货币，为商业银行的负债进行担保，政府为刺激经济采取的赤字财政达到了空前的规模。

采取的这些措施很成功，全球经济似乎正在逐步趋于稳定。人们越来越相信，全球金融系统再次免于崩溃，商业活动也在逐步返回常态。但是，政府严重误读了目前的局势，破镜难重圆。下面我就解释这是为什么。

20 世纪 80 年代后推行的金融市场全球化，是美国和英国领头发起的市场至上运动。允许金融资本在世界自由流动，其后果是让征税和对金融的监管变得更加困难，这就使金融资本有了特权地位。各国政府把国际资本的需求看得比本国人民的愿望更重要，因为必须确保金融资本更加自由地流动。这样，作为市场至上运动的全球化取得巨大成功，各国都难以阻挡全球化趋势。但是，全球金融系统的基础并不牢固，因为它建立在一个错误假设的基础上，认为金融市场可以依靠自身机制安全地进行调节。这就是全球金融系统崩溃的原因,这个系统也不会再被重新拼凑起来。

全球化市场需要全球化监管,但是,现行的监管法规都是建立在国家主权原则的基础上。也有一些国际协议,如著名的《巴塞尔协议》就规定了最低资本金要求,它也让市场监管部门建立了良好的合作关系。但是,监管机构终归由主权国家管辖,这就意味着重新启动一个停滞的机制还远远不够,而是要设立一个崭新的监管机制。目前情况是,各国金融系统都由自己的政府维护和支持,而政府主要关注的是本国经济,这就必然会助长金融保护主义。金融保护主义会破坏甚至摧毁全球金融市场。英国的监管部门永远不会再相信冰岛当局的政策,东欧国家也不会心甘情愿受美国银行摆布。

我要说明的是,监管法规必须覆盖整个国际金融市场,否则,金融市场就无法维持全球化,甚至会被监管套利(译者注:由于各国监管法规不同甚至相互冲突,金融机构便可选择在监管相对宽松的市场进行经营,从而全部或部分地规避监管,牟取超额利润)行为摧毁。这是因为,金融资本会从监管严厉的国家流向监管温和的国家,从而把其他国家暴露在无法摆脱的风险之中。全球化之所以如此成功,是因为它迫使所有国家取消监管,但反过来,很难重新恢复监管,很难让所有国家接受统一的监管法规。各国都有自己的利益,这就必然驱使各国采取不同的措施以满足自己的利益。

这种情况在欧洲就表现出来了。如果连欧洲各国都不能达成一致,世界其他国家怎么能做到呢?危机期间,欧洲未能达成在全欧洲范围内确保金融系统安全的协议,因为各国都必须先保证自己的金融系统安全。在目前情况下,欧元并非是一个完整的货币体系,它有一个共同的央行,但却没有一个共同的财政部,而对金融机构的担保或注资是财政部的职能。这次金融危机提供了弥补这一缺陷的机会,但德国却坚决反对。

德国过去一直是欧洲一体化的推动者,但那时的德国是不惜一切代价要把西德和东德统一起来。当今的德国今非昔比,它的观念与世界其他国家的格格不入,它更担心通货膨胀,而不是经济不振,总之,它不想充当欧洲其他国家的大财东。没有了德国这个推动力，欧洲一体化进程只有减速，最终必然会搁浅。

值得庆幸的是，欧洲的社会保障系统非常健全，但这也被指在繁荣时期拖累了欧洲的经济增长。然而，社会保障系统在经济衰退和萧条时期充分发挥了作用，使欧洲大陆在危机中受到的打击比预期的要轻得多。现在，对经济崩溃的恐惧得到缓解，欧盟也展示出政治活力。欧洲央行有效地救助了爱尔兰银行系统，这也使爱尔兰顺利地批准了《里斯本条约》（译者注：2007年12月13日通过的《里斯本条约》是在原《欧盟宪法条约》的基础上修改而成的，至2009年11月3日捷克批准《里斯本条约》，欧盟27个成员国全部批准该条约）。你看，我也许对欧洲的看法过于悲观了。

由于金融危机给每个国家带来的长期影响是不同的，这很可能让国际合作愿望化为泡影。在短期内，危机给各国带来的都是负面影响，但从长远看，赢家和输家会逐步浮出水面。尽管事件实际发展过程中的不确定因素很广泛，但还是能够有把握地预测各国相对地位的转换。坦率地讲，美国将是最大的输家，而中国很有可能成为最大的赢家。这一转换进程似乎超出了多数预期。其他国家的相对地位也会发生很大的变化，但从全球视角看，美国与中国之间的转换至关重要。

第二次世界大战以来，美国一直是国际金融系统的中心，美元充当主要的国际货币，美国因此获取了巨大利益。但近些年来，美国滥用自己的特权。从20世纪80年代开始，美国建立了持续增长的经常性账户逆差，而且这一趋势永无止境，因为以日本以及后来中国为首的亚洲新崛起的经济体，希望维持美国的逆差，以加强自己的美元储备。但是，美国家庭的过度举债终止了这一过程。美国房地产泡沫破灭后，很多家庭发现自己债务缠身。银行系统损失惨重，必须设法盈利才能摆脱困境。商业房地产和杠杆收购的厄运就要来临。这些因素让美国的经济雪上加霜，美国消费者没有能力继续扮演世界经济发动机的角色。从某种程度上来说，中国可能要取代美国的地位。中国是全球化的最大受益者，总体上讲，中国基本上未受到这次金融危机的影响。

对西方国家尤其是美国来说，导致金融系统崩溃的内在因素引发了金融危机。对中国来说，危机则是来自影响出口的外部冲击，但其金融系统、政治制度和经济体系并未受到创伤。

中国找到了一种很有效的方法鼓励人们积极生产、努力创业，允许人们追求个人利益。同时，中国通过低估币值和国际贸易盈余积累，拿走劳力剩余价值里大部分份额。所以说，中国很有可能成为一个大赢家。

中国的国家领导人知道，如果要维持其统治地位，就必须避免社会动荡。所以，中国领导人要采取一切手段确保经济增长率保持在8%以上，这样才能为不断增长的劳动人口创造就业岗位。由于贸易顺差，中国经济具有强大的动力，它可以通过基础设施投资刺激国内经济，通过对其贸易伙伴投资或直接为其提供贷款刺激出口。实际上，中国过去就是这么做的，它通过购买美国国债，让美国更多地进口中国产品。目前，由于美国消费者不得不缩减开支，中国便转向发展与其他国家的贸易关系。所以说，在美国经济跌跌撞撞的复苏过程中，中国将成为世界经济的发动机。

当然，中国的经济规模要比美国的小得多，中国的发动机小，这就让世界经济发展的速度放缓。由于存在这些局限性，中美之间正在发生结构转变，与此同时，第三方也在重新定位，使自己具备经济发展的正能量。但这种地位转换并不一定是永久的或不可逆转的，就像日本公司的兴衰一样，但从目前来看，这是全球政治经济中最可预见也是最显著的一种趋势。中国也拉动了它的贸易伙伴——如巴西、非洲国家和亚洲国家——的经济。从印度的国内经济增长来看，印度表现得也相当出色。

我们不能理所当然地认为中国经济政策会成功。中国内陆和边远地区的基础设施投资不会产生独立和可持续的经济增长。在中国体制下，投资往往考虑的是政治因素，而不是市场因素，因此，收回投资通常很慢。过去，中国因银行信贷过于宽松发生过两次大范围的坏账。这次也许不会这样，因为银行的权力已从地方移交给中央，各地的银行官员不再受省的领导。尽管如此，也不能理所当然地认为中国一定会成功。再有，中国可能会被全球的衰退所拖累。但是，如果中国出了问题，全球经济就失去了发动机。因此，中国更可能是相对成功，而不是绝对成功。

我们现在所处的历史时刻，从某种程度上说与第二次世界大战结束时极其相似。那时主流系统已经崩溃，必须建立一套全新的系统。在布雷顿森林会议上，战胜国承担起这个重任。主要是在凯恩斯勋爵理念的启发下，他们创建了新的国际金融系统，尽管美国作为同盟国领袖将凯恩斯方案做了对自己有利的修改，但这套系统还是能把全世界都包容进来。当前，国际资本主义这种占主导地位的多边体系虽未彻底崩溃，但却被大大削弱，其内在缺陷暴露无遗，国际资本主义正面临着另一个充满活力的可选系统的挑战。中国的崛起提供了一个与目前国际金融系统完全不同的经济组织形式，我们称之为“国家资本主义”，以区别于“华盛顿共识”所倡导的“国际资本主义”。

我们正处于一个时代的终点，可我们并没有充分认识到这一点。两种经济组织形式——国家资本主义和国际资本主义——互相竞争，但两者都不很理想。“华盛顿共识”已经失败；目前的国际资本主义已被自身证明具有内在的不稳定性，其原因就是它缺乏足够有效的监管，而且它嫌贫爱富，极不公正。

与此同时，建立在国家资本主义基础上的国际系统，会不可避免地导致国家之间的冲突，而且这种冲突日益严重。具有讽刺意味的是，在与自然资源丰富的国家打交道时，中国正在复制过去殖民国家的错误，而这些殖民国家现在已认识到自己过去的错误，并设法纠正这些错误。为了能获得这些自然资源，中国只与这些国家的统治者打交道，而忽略了那里的百姓。这样做有利于维护欺压人民的腐败政府，这当然不受各国人民的欢迎。但中国也不是唯一这样做的国家。一家中国公司并购美国优尼科石油公司遭拒，就是在最近，力拓矿业集团也撕毁了将一部分股权卖给一家中国公司的合约，这就逼迫中国与国际金融机构回避的国家进行交易，如缅甸、苏丹、津巴布韦、刚果、安哥拉，还有最近的几内亚，这就成了众多摩擦的根源，这不但不符合世界的最大利益，也不符合中国的最大利益。中国一直把自己视为这些摩擦的受害方，不想加入“采掘业透明度行动计划”（EITI），这也成了该计划继续得以贯彻的最大障碍。

尽管处于主导地位的多边系统在设法重建，但中国将发展双边基础。当然，中国也是整个多边系统里的一部分，但它在该系统内并没有占据一个与其目前经济增长相称的位置，所以说，中国对加入国际金融机构并不太感兴趣，而更热衷于通过双边渠道进行扩张。例如，中国会抱怨美元的角色，而设法提升特别提款权的作用。中国也不太可能让人民币自由兑换，因为这会摧毁现有机制，使政府不能继续通过低估币值从中国廉价劳动力创造的剩余价值中攫取利益。所以说，中国会继续实行资本管制，但会与巴西这样的国家建立双边人民币银行结算账户，这样，人民币虽然无法取代美元，但可以削弱美元作为国际货币的地位。

综上所述，世界正面临着在两种截然不同的组织形式之间进行选择，我们把这两种组织称作国际资本主义和国家资本主义。前者以美国为代表，它已走向崩溃；后者以中国为代表，它方兴未艾。我们知道，导致国际金融系统瓦解的原因是缺乏管制，放纵了它的发展。然而，双边关系系统又容易产生国家之间的冲突。所以，我们需要一个建立在更有权威原则基础上的新的多边体系，它要符合美国和中国的最大利益，当然，也要符合世界其他国家的最大利益。

现在，尽管在金融监管改革上存在国际合作，但采取修修补补的方式也难以实现目标。要想实现目标，就必须通过进行广泛的妥协来重新安排整个金融秩序。作为国际合作的最主要论坛 20 国集团以及在匹兹堡峰会（译者注:2009 年 9 月 24 日至 25 日,20 国集团第 12 次峰会在美国宾夕法尼亚州匹兹堡召开)上采纳的“同行评审程序”是朝正确方向迈出的步骤。但是,就目前来讲,20 国集团必须在《国际货币基金组织协定》框架内运作,因为修改协定是一个漫长的过程。

所以说,一个新的布雷顿森林会议可以一蹴而就地实现目标,它可对国际货币基金组织重新构建,使之能反映根据目前情况的各国位次,并且修改其运作方式。会议也可对那些大得不能倒的金融机构制定监管措施,并考虑控制资本流动的新规则。业已证明,金融资本在世界范围毫无约束地自由流动是个不稳定因素,需要杜绝这种情况。

把美元作为主要国际货币已造成了严重的失衡,人们失去了对美元的信任和信心,但目前尚无其他货币取代美元的地位。现在总的趋势是,人们把货币资产转换成黄金、其他商品等有形资产进行储备。这种趋势危害甚大,因为储备的这些资产失去了生产功能,并会引起人们对通货膨胀的恐惧。

美国不应回避扩大特别提款权的运用,这可以促使中国放弃将其货币与美元挂钩的汇率政策,这也是减少国际不平衡的最有效的手段。由于特别提款权是由数个国家的货币决定的(译者注:特别提款权定值货币有 4 种,从 2006 年 1 月 1 日起,美元占 44% 的权重,欧元占 34% 的权重,英镑占 11% 的权重,日元占 11% 的权重),这就避免了把某种货币置于不公平的特权地位。特别提款权的定值货币数量必须增加,新增加的定值货币应该包括人民币,尽管它不能完全自由兑换。这样,如果美元被谨慎监管,它仍可重建自己的储备货币地位。

特别提款权的一个重大优势就是,它允许创造国际货币,这种功能在目前这种危机时刻尤为重要。货币可以被引导到需要的地方,这将是对目前这种状况的巨大改进。现在亟须一种机制,允许那些不需要增加额外储备的富国,把他们的特别提款权份额转让给需要资金的国家,这种机制实际上已经开始在小规模运用。

如果我们想在解决全球变暖和核扩散等问题上取得进展,仅凭金融系统就不够了,还必须重新调整当前的世界秩序,这就需要联合国的参与,尤其是安理会各理事国的参与。

美国应该主导这一意义深远的进程,但中国和其他发展中国家应平等参与,他们是布雷顿森林体系中不太积极的成员,而过去主宰这一体系的国家逐步丧失了支配地位。在世界新秩序的创建中,需要新兴国家的参与,以取得它们的支持。

美国是原有系统的主要受益者,为什么美国要主导这次改革呢?这是因为,目前这一系统的组织形式已经无法维持下去了,如果美国不带头改革,它会丧失更多的利益。在小布什执政期间,美国国力衰退,世界影响力下降。如果没有远见卓识的领导,美国在世界上的领导地位优势会持续下滑。但是,美国仍然领导着世界,它不再能像小布什政府那样企图把自己的意愿强加给别人,而是在国际合作中起领导作用,这种合作不仅包括发达国家,也包括发展中国家。这样,美国就会以受欢迎的方式重建世界领导地位。

中国既然在混乱的世界秩序中脱颖而出成为大赢家,那它为什么要接受一个新的多边体系呢?答案同样很简单。为了不断崛起,中国必须要让世界其他国家接受它。这就意味着,中国必须成为一个更加开放的社会,在实现法治的同时,确保个人更大限度的自由。考虑到目前各国军力关系,中国只有在和平环境中继续崛起,才能被世界各国接受。

为了世界和平,美国在新的世界秩序中找到自己适当的位置更为重要。美国这个目前唯一的世界超级大国,其政治和经济主导地位逐步衰落,但它仍坐拥世界军事霸权地位,这种强弱混合会很危险。

我业已指出,美国的民主政治将陷入困境。金融危机把那些不愿面对严峻现实的美国人带入困境。奥巴马总统采用"信心倍增"政策,宣称经济衰退已得到控制。如果衰退出现第二次探底,社会上散布的各种恐慌谣言和蛊惑人心的民粹主义会让美国人忧心忡忡。如果奥巴马总统失败,下一届政府必然会设法转移人们对国内危机的注意力,这将给世界带来巨大威胁。

奥巴马总统具有正确的洞察力,但眼光还不够长远。他相信国际合作,而不是像布什—切尼政府那样奉行强权政治。但是,由于很多紧迫的问题困扰奥巴马总统,他无法把重建国际金融系统列入议事日程的优先地位。他的一些经济顾问似乎仍然相信有效市场假设理论的正确性,认为市场失灵的情况只是百年一遇。

优胜劣汰,幸存下来的金融机构比以往任何时候都更有竞争力,它们会抵制全面系统性调整,担心这会限制它们的权力。金融系统已经崩溃,它需要重建,但目前还没有对此达成共识。正因为如此,我在几次演讲中所概括的金融市场理论更显重要,应该有更多的人接受这一理论。

中国领导需要比奥巴马总统更有远见卓识,因为他们掌控着世界经济走向。如果他们想把中国发展成一个更加开放的社会,那他们就必须放弃一些特权。从目前看,中国公众还能够为政治稳定和经济发展牺牲个人自由,但这不会太长久。腐败是中国的一个大问题,中国需要法治,确保公民可以批评政府,防止政府滥用职权。

中国需要一个更加开放的社会,这样才能融入国际大家庭,因为世界其他国家不会为中国的经济繁荣牺牲个人自由。由于中国逐步担负起世界领导角色,它必须尊重世界其他国家的主张。但是,由于这一切发生得太快,中国领导人还不能适应这种角色的转变。

中国习惯于自认为是帝国主义的受害者,从而认识不得到自己正开始走上帝国主义之路。正因为如此,它在处理自己国内少数民族事务以及与非洲国家打交道时困难重重。希望中国领导能与时俱进,随机应变,毫不夸张地说,这决定着世界的未来。

谢谢大家。

马云

(阿里巴巴集团董事局主席兼首席执行官)

2008年6月5日,中国北京

在北京大学光华–微软联合课程上的演讲

阿里巴巴的一千零一个错误

我从1995年开始创业,阿里巴巴从1999年开始创建,走到现在,很多经历听起来很传奇,但我从来不敢有成功的想法。每次我说“成功”两个字,起码要倒霉一年。很奇怪,成功跟倒霉往往跟在一起。今天媒体上说我们,大部分是比较好的东西,把我们中间犯的无数愚蠢的错误忽略了。我想等我退休以后,会写一本书,叫《阿里巴巴的一千零一个错误》。

事实上,2000年、2001年阿里巴巴是极其糟糕的。为什么?互联网没人看得起,电子商务更不靠谱,阿里巴巴听起来古里古怪。那个时候招人真难,北大我都不好意思进去。我们说,只要街上不是太残疾的人我们都要(笑声)。我至今还记得,我们山东办事处的人来应聘的时候,他听说阿里巴巴不错,就到这个地方来应聘,当时我们办公是在当地的住宅楼里,他晚上七点钟走到了六楼,越走越怕,就打电话给老婆说,一会儿我进去,要是出不来你就报警(笑声)。当时招一个人太难了。

为什么阿里巴巴活下来了,我后面会讲。但我相信,绝大部分人通过媒体了解的阿里巴巴都不是很真实。第一,我们没有别人说的那么好,我们毕竟才九年的时间,九年的时间犯过的错误很多。高速成长的互联网对于任何国家、任何人都是新的行业。另外,我们员工的平均年龄是 26 岁,也都是犯错误的年龄,所以一路过来肯定有很多麻烦的事。当然我们也没有别人说的那么坏,中国人经常讲阴谋论,见什么事就说这家伙一定是这样的,或者是那样的,我们其实没那么复杂,否则也不会走到现在。

2001 年哈佛大学到我们公司来写案例,我觉得他们挺逗。有六七个人,在我们公司待了一个多礼拜,几乎跟每一个人都谈过,我也花了很长时间跟他们谈。之后写了一篇案例,说这就是你们阿里巴巴,让我签个字。我看了以后发现,那不是我们公司。他们说,这就是你们公司。讨论了两天,没有结果,最后说总得签个字吧,我就签了个字,后来就成了哈佛案例,所以我现在一般不太相信那些案例。

了解阿里巴巴最好的办法,是在这儿待过三年,我保证你能了解真正的阿里巴巴。所有加入阿里巴巴的员工,从 18 个人到现在已经有 1 万多员工,经历了九年的时间,几乎每一个人,我都花一个半到两个小时,就像今天的讲话一样,我把我的话讲完,你该问的问完。我不承诺你会有钱,不承诺你会成功;但我承诺你会很倒霉、会很委屈、干得很好还会挨骂。这就是我的承诺。

阿里巴巴的创立和存活

阿里巴巴最早的想法非常简单。我在 1999 年前后作了一个判断,中国一定会加入 WTO，加入 WTO 之后，中国前五年一定以出口为主，后五年一定以进口为主，我们怎么帮助中国企业出口？就这么一个简单的想法。这个平台怎么来的？那时候我在北京工作了 14 个月，离开北京的前一个礼拜我去了一趟长城，看见长城的砖头上到处写着“到此一游”，我就想，这是什么？这就是最早的 BBS，看来中国人就爱好这个。假设能够把我们的网站做到极其简单，相当于 BBS，一打开所有人都会上，能不能也帮助中国企业做出口生意呢？这就是阿里巴巴最初的想法。

我想了这个主意之后，和我们的技术人员发生了很大的冲突。我认为，BBS 必须进行人工管理，你今天想卖什么，想买什么，什么信息可以放，什么信息不可以放，要把它进行分类。我们的技术人员说，你违背了互联网精神。我说什么叫互联网精神？他说互联网精神就是自由、民主、开放。我说不行，必须给它分类。讨论了半天，僵持不下，最后我跟他说，立刻、现在、马上，按照我的方法去做。然后就有了阿里巴巴。

2003 年，我第一次去哈佛 MBA 演讲，谈到阿里巴巴存活下来的原因，我说主要有三个：第一，我不懂技术；第二，我没有钱；第三，我从来没有计划。

第一，我不懂技术。到今天为止我也不懂互联网技术，也不懂计算机；我到现在还不明白软件是怎么写出来的，为什么会跑，跑哪儿去了。但我没觉得不懂技术是一种耻辱。我坚信一点，技术是为人服务的，人不能为技术去服务。我要求工程师任何软件出来我先试试看，我如果不会用，意味着 80% 的人都不会用，你就扔到垃圾里，重新来过。正因为这个原因，我们的软件使用起来非常简单，中国 2000 多万中小企业的老板都会用。

第二，我没有钱。我们的创业极其艰难，从零开始，18 个人凑够了 10 万块钱，每花一分钱我们都极其艰难。我们知道没有钱的难受。今天阿里巴巴集团可能是中国互联网公司中最有钱的公司，但我们还是保留了当年的习惯。很多创业者犯错误不是因为没有钱，而是因为有太多的钱。想想看，就是这个道理：没有钱不会犯太多错误，有了钱乱犯错误。

1999年我融资100万美金。有了钱怎么办？首先就想到请人，请最优秀的人。最优秀的人在哪儿？跨国公司的副总裁、MBA，最好是世界五百强的人。那些人进来之后，讲公司的战略、前景，讲得你热血沸腾。我们有一个副总裁负责营销，第一个月跟我谈市场预算的时候，说今年需要1200万美金。我很惊讶。他说很抱歉，以前最少要花2000万美金（笑声）。怎么办？你不听的话好像不尊重他，你要听他的话，我总共才融了100万美金。最后没有办法，还得请他离开。

这些错误使我们明白，办公司不是要找最优秀的人，而是要找最合适的人。波音747的引擎是很好，但如果你配的机器是拖拉机，发动引擎就爆炸（笑声）。企业发展是一步一步往前走，每一步走的时候，用的是脑子而不是钱。做企业拼的是智慧，拼的是勇气，拼的是团队的合作。假如企业家之间的竞争是靠钱的话，那银行更厉害，风险投资更厉害。有优势的时候钱就会来。很多创业者的计划书说，我什么都有，就是缺钱，那这个计划基本没用。

第三，我不做计划。从1999年做互联网到今天，我没有写过商业计划书——对了，写过一份，第一份商业计划书被风险投资公司给拒绝掉了，从此我就不再写计划书。计划书写得越厚，越容易脱离实际，说将来会这样、会那样，你也不知道在骗谁。你不按照计划书说的办，骗了投资者；按计划书呢，形势又在变化。你设想的某个东西，可能完全不是客户的需求，而且他的需求经常在变，所以我们不做计划。

这三个理由到今天我还相信。另外，我相信，一个公司不能经常讲两件事情：第一不能讲技术很好。你说自己技术很好，就有人来找你麻烦，天天来考验你。我技术不好，他才没兴趣。其实，如果技术不好，我们的网站怎么可能有2000多万家中小企业使用，一天的交易笔数是200万笔。第二不能讲服务很好。你服务很好，就来找你试试看，在任何时候都会被人家骂。你进去酒店的时候，标着三星级、四星级，发现服务是五星级的，会很高兴。假如五星级的宾馆，再好的服务都觉得是应该的。

关于领导能力和团队组合

互联网是一个综合的行业，是由服务、技术各方面整合起来的体系。走到现在为止，我们非常重视对客户的服务，但也要用强大的技术来支撑。

一个不懂技术的人怎么领导互联网公司？外行是可以领导内行的，关键是去尊重内行。我跟工程师从来不去吵架，很重要的一个原因是没法吵架，他跟我说什么系统、软件，我搞不懂，但是有一项东西必须搞懂：按照客户的需求去做。我代表着中国80%的不懂电脑的人，客户的需求就是我的需求。很多工程师说，你不能这么想，你怎么这么看问题啊。我说没办法，80%的人都跟我一样，你必须把它做出来。

有矛盾的时候怎么解决？首先是互相理解和尊重。当然，也有必要的手段。美国前国务卿鲍威尔曾说，假设向你报告的人不按你所说的去做怎么办？第一，retrain him（重新培训）；第二，remove him（调离），第三，fire him（开除）。你不这么做的话，其他人会觉得泄气，心想我们干得累死，不干活的什么事没有。这样你的东西就会执行不下去。

要记住，领导永远不要跟下属比技能，下面的人肯定比你强；如果下面的人不比你强，说明你请错人了。但第一你要跟他比眼光，要比他看得远；读万卷书不如行万里路，眼光的高度要在领导的水平线上。第二，要比胸怀。男人的胸怀是冤枉撑大的。你对你的部下、员工、团队要包容；合作不是一天两天的事，如果你是对的，永远有机会去证明。第三，要比实力。你抗击失败的能力要比他强。一块砖头掉下来，别人挨一下就倒了；你挨了一下，一点反应都没有。这就是优秀领导的条件。一个优秀的领导人的素质就是眼光、胸怀和实力。

说到团队，中国人都喜欢刘（备）、关（羽）、张（飞）、赵云、诸葛亮，但这样的团队很难找，千年等一回。我最喜欢的是西游记团队，唐僧、孙悟空、猪八戒，这些人很容易找。唐僧这样的人，能力没有多少，但目标很明确，就是取经,这样的领导你们单位有没有?有。孙悟空是能力最强的,但是他的麻烦也很多,成功是他、失败也是他,这样的人你们单位有没有?也有。猪八戒就更多了(笑声),干活的时候能躲就躲,有吃有喝的时候来得最快。沙和尚呢?管它什么使命感、价值观,一天八小时打卡上班(笑声),挑着担就走。这样的团队到处都是,这是生活中实实在在的团队,但就是这样一个团队,经过了九九八十一难,取得了真经。

我这么总结:做人要像沙和尚,当领导要像唐僧,做事要像孙悟空,生活要像猪八戒。阿里巴巴从 18 个人发展到 1 万多人,我们越来越轻松。我们团队的文化核心是什么?我们都是平凡的人,聚在一起做一件非凡的事。我们不要精英,阿里巴巴不欢迎精英。假如你认为你是精英,请你离开我们,因为我相信,如果有人说"我是精英",这个人肯定不是精英。一个真正是精英的人,会把自己看得很低;当他以平凡的心态加入团队的时候,才有可能做出成就。

我以前经常反对 MBA,现在不反对。但他们刚来的时候,不要让他们去做管理,可以把他们放到第一线去。有一些 MBA 来了阿里巴巴,我让他们去广东销售部做销售,6 个月以后活下来的,你说任何话我洗耳恭听,如果你死了,see you next time(笑声)。就像打篮球,他们这些 MBA 的身材可能都是两米、一米九,非常高,但打篮球的时候不愿意蹲下去;我们这些人身材就是一米六,但天天在练,所以投球很准。当然,组球队的时候,不能老是找矮子,也要找一米八、两米的高个儿,关键是他们进来以后,要让他融入团队里。

现在我让很多同事去读 MBA。他们在学校里听了课回来感叹,这些东西早该学了。我跟他说,早的时候学就没用了。我说,我不希望你们每门功课考优秀,重要的是选择你需要的东西,或者说按照自己的能力去选择学习的内容。学了以后,把自己所学的东西忘掉,你就毕业了。如果你跟我说,书上是这么说的,我们案例是这个样子的,那你根本没有毕业,因为知识还没有成为你的本能。他们回来以后,我发现,这些人的系统思考不一样了,看问题的角度不一样了,理论水平不一样了,确实很好。所以,请来的MBA,你得让他到第一线去干;而企业内部的人,必须送出去学习,这样的体系和制度非常重要。

管理一百个蠢人是容易的;管理一百个聪明的人很难,因为每一个聪明人都觉得自己特别能干,而且谁都不服谁。怎么管理这一百个聪明人?领导者要有超凡的眼光、胸怀和实力。聪明的人还是有弱点,或者想有名,或者想有利;只要有弱点,人都能管理。但和尚很难管(笑声),他没有欲望,给什么都没用,所以说"宁带千军,不带一僧"。我研究过宗教的管理,后来发现,最有效的管理是用文化去管理,而不是用制度去管理。你用文化体系、价值观体系告诉他,什么该做、什么不该做。我们从 18 个人发展到 1 万多人,靠的就是使命感、价值观、共同目标。

关于使命感、价值观和共同目标

在水浒传里,梁山好汉有一个共同的使命感:替天行道。很多人一说到阿里巴巴,就说我们喜欢马云,我们要为你工作。我一听,完了,这些人不能请,我的员工不能为我工作,要为我们共同的使命工作。假设梁山好汉没有一个替天行道的使命,这些人就会打起来。只有靠共同的使命感,员工才能长期共事,朝一个方向努力。

一百多年前,GE 创业的时候说,要让天下亮起来;所有人都朝着这个方向,做的电灯泡越亮越好。迪士尼要让全世界的人开心起来;拍了这么多电影,就是让你开心,包括员工也开开心心。假设你今后要建立一个公司,一定要有很强的使命感,我自己也是这么多年越来越悟出这个道理。所以,阿里巴巴内部定了一个使命:让天下没有难做的生意;通过互联网,让中小企业做生意变得越来越简单。很多人把使命贴在墙上,"为人民服务",这基本上是一句空话。怎么让它不成空话?需要考核。要在确定使命之后,使服务、产品、制度都围绕这个使命去做,任何东西违背了我们的使命,就必须拿掉。

第二,必须要有价值观,约法三章。我们公司做人的道理要讲究诚信、讲究激情、讲究敬业;做事要讲究团队、讲究拥抱变化、讲究客户需求第一。这些东西不一定对,但到我们公司就必须按照这个价值观去做。你今天到了寺庙里见了菩萨,你不能说"上帝保佑"(笑声),你到了教堂里,也不能说"菩萨保佑我"。我们的价值观就是我们这儿的"经",不一定对,但来了就得念,还得照着做。怎么做?我们每一条价值观都要打分。从 2003 年到现在,五年多了,我们每个季度都考核,纵坐标业绩,横坐标价值观,每一条进行打分。我相信中国没有一家公司像我们这么做。

假设你的业绩很好,价值观很赖,不讲究团队,讲究个人英雄,或者说欺骗客户、夸大其词,我们称之为"野狗",这样的人不能要。有的人是价值观很好,关心同事,孝敬父母,但是没有业绩,这些人称之为"小白兔",也得离开。只有两样都好,才有可能赢。我们是两个指标各占 50%,每个季度考核,考核了五六年,就变成了日常行为。如果光说的话,就变成天天上课,没有多大用处。企业和学校有很大的区别,教授上完课,可能工作就做完了;但我们的课上完以后,工作还没有开始,还有很长的路要走。所以,我想告诉大家,必须对价值观进行考核。

我给大家讲一个例子,我们怎么坚持价值观的考核。2002 年,我们提出全年盈利一块钱。因为前面我们都是亏损的,每年亏损几百万,所以盈利很困难。怎么盈利?从一块钱开始。一块钱目标很明确,人人可以帮忙,我多做一个客户,或者电省一点,完全可以做到。但我们碰到一个麻烦,2002 年在中国做电子商务,给人做网页、做网站,尤其是针对中小企业,大部分必须给回扣。价值观告诉我们,不可以做这种事情。但是不做这个事情,你马上就死,因为你拿不到订单。怎么办?我们为此开了一天的会,绝大多数人都说,活下来再说,先活下来,明天把自己洗干净了就行;又有人说价值观很重要,这么做不行。最后到下午七点钟,我决定,宁可把公司关了,也永远不给回扣。大家说可以,那就这么走下去。一个月以后还行,第二个月突然发现了问题。当时我们一个月的营业额只有十五六万,其中有两个销售人员就做了十二三万,但是这两个人给回扣。怎么办?如果把他们两个开掉,我一个月只剩 2 万的营业额。后来我说,不管怎么样,一定要拿下。当时大家都认为不可能。怎么可能呢?最后,这两个人开掉了。这对所有的员工都是血的教训,从那个时候开始,大家知道,阿里巴巴的价值观是真的。

到今天为止,阿里巴巴最最值钱的就是价值观体系。很多人说跟阿里巴巴合作很放心,因为我们不给回扣,可以把钱用在如何帮助企业成长。所以说,价值体系的建设,赢得了中小型企业的信任,使阿里巴巴走向成功。更重要的是,这一帮人经过了价值观、使命感的锻炼,很容易形成一个共同的目标。如果你没有共同目标,他想往东走,他想往西走,谁也活不成。我们的共同目标有三点:

第一,我们要做持续发展 102 年的企业。102 年听起来古里古怪,什么意思?你们给团队目标的时候一定要准确,目标越准确,实现的可能性越大。如果说我们做百年企业,又成了贴在墙上的口号,因为很多企业都说要做百年企业。我们诞生于 1999 年,我们想做到 2101 年,横跨三个世纪,所以是 102 年。102 年以后跟我没有关系了,我看不到 102 年,但是提出这样的目标很明确,便于制定具体的制度和政策保证能够它能够实现,所以我们定出了 102 年的目标。

第二,要成为世界十大网站之一。1999 年的时候,要成为十大网站之一是很难的,那个时候我们公司排到了大概第三十四万名(笑声),现在开始有一点儿靠谱了,雅虎、淘宝、阿里巴巴全加起来的话,全球十大网站之一还是有希望的。

第三,我们希望成为一家真正打入世界五百强的中国民营企业。到今天为止,阿里巴巴没有向银行贷过一分钱,没有向政府要过一分钱,没有一分钱的负资产。假设我们真正凭借自己的实力打进世界五百强,说明中国的土壤上能够生长出世界级的企业;凭借价值观和使命感,我们可以诞生出让中国人骄傲的企业。所以说从今天起,我们所做的一切,必须符合这个目标。

价值观的塑造,就像一个人锻炼身体,身体好的时候一点感觉也没有;等你生病的时候,作用就发挥出来了。阿里巴巴最大的考验是在“非典”,我们一位同事到广东去,被怀疑带着非典回到杭州,我们公司五六百号人全部被隔离,我被隔离了八天。在隔离之前的半天,我判断我们可能会被隔离,因为我们那个女孩确实发烧了,也确实去了深圳。这种情况下,我们立即进行应急防范。我要求公司所有员工立即撤出办公室,把电脑搬回家,每个人在家里联上网络。互联网作为防范战争的发明,就是为了分散工作,跟各个地方联系。我们想,如果不被隔离,就当军事演习,一个礼拜之后大家再回来。结果,第二天果然被隔离了。一隔离起来,这六百人所发挥的作用是大家不可想象的。我们被隔离了八天,八天以内三五千万的客户打电话给阿里巴巴,包括E - mial,没有人知道我们被隔离。这几天挺好,有什么事就打电话到家里,你会听到员工的家人有时候帮着接电话,说“你好。阿里巴巴”。这让我极其感动。

最近的汶川地震也是这样。“非典”过后,我们想,如果当时在另外一个城市有一个备份就好了。于是我们后来就在成都的办事处做了一个支付宝的备份体系。没想到地震又来了。我们一百多名员工,本来每天在那儿接电话,发生地震以后,我们的设备还好,人也没有什么问题,但是不能上班了。这时候所有的电话迅速转回到杭州,杭州所有的员工,几乎原先做过客服的所有人,不管怀孕还是生病,全部主动跑到公司里接电话,否则这么多的电话冲到这个地方根本受不了。这是没有办法发文件要求大家做的,不能说大家赶紧回来上班,每个人都必须接电话。这是价值观告诉他们,必须回来,要为客户解决麻烦。

所以,价值观在危难的时候才会发挥作用。公司要走向世界、走向成功的话,使命感、价值观、共同目标一定要有,而且不是贴在墙上的,必须是在行为上去考核。

关于组织制度建设

八年前，我们开掉一个经理，结果很麻烦，很多人闹事，说他走了，我们也要走，跟地震一样。这是很多公司都碰到的问题。在制度建设的过程中，我学到一个很有意思的东西，我发现我们党的政策在这一块做得相当好，换一个省长说换就换，换一个市长说换就换，下面的人不说什么，都欢迎新领导上任。这是为什么？这是制度和体系的作用。接班人制度极其重要。中国也许需要三四十个的省长，但是可以当省长的干部有三四百个。NBA 也是这样，场上有 5 个人，场下有 20 多个人，上面的人压力很大，下面的人不断地练，才有上去两分钟的可能性。所以 NBA 打得很好。

九年来，我从来没有跟我们的 CFO、COO 坐同一架飞机，因为我们不允许坐一架飞机，万一飞机失事，四个人都没了，麻烦就大了。我们公司有一个体系的建设，每一个干部必须找到他的接班人。我会问他们，假如你今天被开除了、生病了、坐飞机失事了，谁可以接替你。然后他会告诉你说，这三个人是我的接班人。我一看，怎么是那三个人？中间那个人很烂，你怎么会把他作为接班人？要么你眼光有问题，要么我眼光有问题，要么你胸怀有问题，我们要好好讨论一番。假设他的判断跟我的判断差不多，那么很好，这三个人就进入到了我的组织部。

在党组织里，比如有位领导要提拔一个秘书——因为他跟了他五年了，总要给一个官做做，不然不好意思——但是组织部考察他，通不过，那就不行。我们公司副总经理以上的人属于我管，好比省部级以上的干部是中央组织部管（笑声），不能轻易开除，不能轻易晋升，所有的东西要组织部来考察。比方说我们今年要提升一个人为副总裁，我们这一帮人，坐在那里问他一大堆问题，听了半天，我说你像个消防队队长，天天去救火，我们要的是消防局局长，来防止城市里发生火灾，结果把他否决了。

公司发展有不同的阶段,创业最快的是二三十个人,因为你在房间一个人说话所有人都听见,矛盾也不会太多。发展到八十到百二十来个人的时候就会很复杂,这时候好像有三层管理,你需要有一些职业经理人,但这些职业经理人不明白你要干吗,这个时候公司就出现了很大的困难。在两百名左右是最头疼的,到了三四百人的时候也许会有一些感觉了,到了七八百人的时候,觉得公司也就这么回事;上千人之后又会碰上困难,大部分公司是一千二百、一千三百开始往下走;到了两千人的时候,又有新的体会,企业原来是这样。

接班人制度在三五十人、七八十人的时候也许不用考虑;但到了一两千人的时候必须考虑。而且接班人必须由"中央组织部"考察,还必须到"中央党校"去学习。如果没有去过中央党校你能当省委书记吗?(笑声)不可能,必须去学习我党的使命感、价值观、管理方式、方法,然后才能去当领导。企业也是这样。大家不要笑这件事情,有人专门研究我们中国的组织管理体系,认为整套制度的体系建设是非常独到的。到今天为止,在美国谁搞得清楚五年之后谁当总统吗?但我们就可以。在公司里也是这样,有一个总监说我不想干了,马上会有六个人说我可以(笑声)。这是我觉得在中国的体系里一定要做的事情。你要建立这样的考察制度和体系,公司才能走得长远。

去年阿里巴巴上市以后,我做了一个很大的举动,让我们淘宝网总裁孙彤宇、阿里巴巴集团 COO 李琪、阿里巴巴集团 CTO 吴炯、阿里巴巴集团资深副总裁李旭晖离开公司,休假两年半。中国的阴谋论特别多,说我"杯酒释兵权"(笑声),以为企业一好赶紧把他们赶走。其实底下的人高兴得不得了。天天喊着休息,现在给你两年时间休息,不许回公司,公司拆了跟你也没有关系,你就该干什么干什么,我不管你。

为什么这么做?当 CEO 很辛苦,也许我从来不见一个客户,不谈一笔业务,但是我 24 小时都在考虑这些问题,真的太累了。我希望早点退休。

但一看你的团队，这帮人跟了你九年、十年，他比你更累。九年下来，这些同事没有朋友——同事就是朋友，没有生活，没有兴趣爱好，整天就是上班。这样再过十年、二十年，回头看肯定后悔。人的一辈子还有很多东西，有自己的兴趣、有自己的朋友、有自己的生活，这样才有创新。每天只想着工作就不可能有创新。我想休息，就得先让他们休息。这些事要在形势很好的时候去做。就像修屋顶一定要选阳光灿烂的时候，不能打雷下雨的时候去修，那样会从屋顶上滑下来。现在公司上市了，手里有钱，品牌也不错，就该让他们去看外面的世界，去哈佛、北大念书，也许三四年以后，他们又充满了力量、激情回来了，成为我们的接班人，发挥更大的作用。当然，不回来我觉得也挺好(笑声)。你不要觉得他欠你什么，也不要觉得你欠他们什么；公司不能被任何人绑架，任何人也不能被公司绑架。我相信，优秀的领导者都会有流放，邓小平被流放到江西，孙中山也被流放到法国。回来能不能当CEO，那另当别论，因为我们这个行业在不断地变化。但假如他们三年、两年以后真的回来，我才有机会实现我的退休计划，否则永远没有机会。

总之，我想告诉大家，你在使命感、价值观和共同的目标下，要建立相应的公司治理体系和制度，这些体系和制度的建设，使你的公司能够持久发展。作为一个企业家来说，衡量你是不是成功，看你能不能建立一个制度体系，你离开了十年、二十年，依然运作得很好。我今天说，假设我离开阿里巴巴以后，它失败了，那是我一辈子的耻辱；假如我离开了以后，公司继续往前走，真正走上一百年，那才是真正的成功。

马云

（阿里巴巴集团董事局主席兼首席执行官）

2013 年 5 月 10 日，中国杭州

在淘宝十周年庆典上发表的御任首席执行官演讲

变化带来机会

大家晚上好！

谢谢各位，谢谢大家从全国各地，我知道也有从美国、英国和印度来的同事，感谢大家来到杭州，感谢大家参加淘宝的十周年！

今天是一个非常特别的日子，当然对我来讲，我期待这一天很多年了，最近一直在想，在这个会上，跟所有的同事、朋友、网商，所有的合作伙伴，我应该说些什么？大家很奇怪，就像姑娘盼着结婚，新娘子到了结婚这一天，除了会傻笑，真不知道该干什么。

我们是非常幸运的人。我其实在想，十年前的今天，是 SARS 在中国最危险的时候，所有人都没有信心，大家不看好未来。阿里人十几个年轻人一起，我们相信十年以后的中国会更好；十年以后，电子商务会在中国受更多人的关注，很多人会用。

但我真没想到，十年以后，我们变成了今天这个样子。这十年无数的人为此付出了巨大的代价，为了一个理想，为了一个坚持，走了十年。我一直在想，即使把今年阿里巴巴集团99%的东西拿掉，我们还是值得的，今生无悔，更何况我们今天有了那么多朋友，那么多相信的人，那么多坚持的人。

其实自己在想，是什么东西让我们有了今天？是什么让马云有了今天？我是没有理由成功的，阿里也没有理由成功，淘宝更没有理由成功，但我们今天居然走了这么多年，依旧对未来充满理想。其实我在想是一种信任，在所有人不相信这个世界、所有人不相信未来、所有人不相信别人的时候，我们选择了相信，我们选择了信任，我们选择十年以后的中国会更好，我们选择相信我的同事会做得比我更好，我相信中国的年轻人会做得比我们更好。

二十年以前也好，十年以前也好，我从没想过，我连自己都不一定相信自己，我特别感谢我的同事信任了我。当CEO很难，但是，当CEO的员工更难。

我从没想过所有在中国大家都认为这是一个缺乏信任的时代，但居然，你会从一个你都没有听见过的名字，闻香识女人这样人的身上，付钱给他，买一个你可能从来没见过的东西，经过上千上百公里，通过一个你不认识的人，到了你手上。今天的中国，拥有信任，拥有相信，每天2400万笔淘宝的交易，意味着在中国有2400万个信任在流转着。

在座所有的阿里人，淘宝，小微金融的人，我特别为大家骄傲，今生跟大家做同事，下辈子我们还是同事！

因为是你们，让这个时代看到了希望，在座的你们就像中国所有的80后、90后那样，你们在建立一种新的信任，这种信任就让世界更开放、更透明、更懂得分享、更承担责任，我为你们感到骄傲。

今天的世界，是一个变化的世界。30年以前，我们谁都没想到今天会这样；谁都没想到，中国会成为制造业大国；谁都没想到，电脑会深入人心；

谁都没想到，互联网在中国会发展得那么好；谁都没有想到，淘宝会起来；谁都没想到，Netscape（译者注：网景通信公司）会倒下；谁都没想到，雅虎会有今天。这是一个变化的世界，我们谁都没想到，我们今天可以聚在这里，继续畅想未来。

我们大家都认为，电脑够快，互联网还要快。我们很多人还没搞清楚什么是PC互联网，移动互联来了；我们在没搞清楚移动互联的时候，大数据时代又来了。变化的时代，是年轻人的时代，今天，还有不少年轻人觉得无数的像谷歌、百度、腾讯、阿里这样的公司拿掉了所有的机会。十年以前当我们看到无数的伟大的公司，我们也曾经迷惘过，我们还有机会吗？但是十年坚持、执著，我们走到了今天。假如不是一个变化的时代，在座所有的年轻人轮不到你们，工业时代是论资排辈，永远需要有一个 rich father。但是今天我们没有，我们拥有的是就是坚持和理想。

很多人讨厌变化，但是正因为我们把握住了所有的变化，我们才看到了未来。未来30年，这个世界，这个中国，将会有更多的变化，这种变化对每一个人是一个机会，抓住这次机会。我们很多人埋怨昨天，30年以前的问题。中国发展到今天，谁都没有经验；世界发展到今天，谁都没有经验。我们没有办法改变昨天，但是30年以后的今天，是我们今天这帮人决定的。改变自己，从点滴做起。坚持十年，这是每一个人的梦想。

我感谢这个变化的时代，我感谢无数人的抱怨，因为在别人抱怨的时候，才是你的机会，只有变换的时代，才是每一个人看清自己有什么、要什么、该放弃什么的时候。

参与阿里巴巴的建设14年，我荣幸我是一个商人。今天人类已经进入了商业社会，但是很遗憾，这个世界商人没有得到他们应该得到的尊重，商人在这个时代已经不是唯利是图的时代，我想，我们跟任何一个职业，任何一个艺术家、教育家、政治家一样，我们在尽自己最大的努力，去完善这个社会。14年的从商，让我懂得了人生，让我懂得了什么是艰苦，什么是坚持，什么是责任，什么是别人成功了才是自己的成功。我们最期待的是员工的微笑。

从今天晚上12点以后，我将不是CEO。从明天开始，商业就是我的票友，我为自己从商14年深感骄傲！

看到你们，看到中国的年轻人，我不希望有一天我们这些人再来一个“致我们逝去的中年”。这世界谁也没把握你能红上五年，谁也没有可能说你会不败，你会不老，你会不糊涂。解决你不败、不老、不糊涂的唯一办法，相信年轻人！因为相信他们，就是相信未来。所以我将不会回到阿里巴巴做CEO。要我回也不会回来，因为回来也没有用，你们会做得更好！

做公司，到这个规模，小小的自尊，我很骄傲，但是对社会的贡献，我们这个公司才刚刚开始。所有的阿里人，我们都很兴奋，很勤奋，很努力，但我们很平凡。认真生活，快乐工作。我们今天得到的远远超过了我们的付出，这个社会在这个世纪希望这家公司走远走久，那就是去解决社会的问题。今天社会上有那么多问题，这些问题就是在座的机会。如果没有问题，就不需要在座。

阿里人坚持为小企业服务，因为小企业是中国梦想最多的地方。这里，14年前，我们提出了“让天下没有难做的生意，帮助小企业成长”。今天这个使命落到了你们身上，我还想再为小企业讲，人们说电子商务、互联网制造了不公平，但是，我的理解，互联网制造了真正的公平。请问，全国各省、各市、各地区，有哪个地方为小企业、初创企业提供税收优惠，互联网给了小企业这个机会。有些企业三五年内享受了五六个亿用户，他们呼唤跟小企业共同追求平等，小企业需要的就是500块钱的税收优惠。请所有阿里人支持他们，他们一定会成为中国将来最大的纳税者。

感谢各位。我将会从事一些自己感兴趣的事儿，教育、环保。刚才那首歌《*Heal the world*》，这世界很多事，我们做不了，这世界奥巴马就一个，但是太多的人把自己当奥巴马看。这世界每个人做好自己那份工作，做好自己感兴趣的那份工作,已经很了不起。我们一起努力除了工作以外,完善中国的环境,让水清澈,让天空湛蓝,让粮食安全。拜托大家!

我特别荣幸,介绍阿里未来的团队,他们和我一起工作了很多年,他们比我更了解自己。陆兆禧工作了13年,在阿里巴巴内部经历了很多岗位,经历了很多磨难,应该讲,13年眼泪和欢笑是一样的多。接马云这个位置是非常难的,我能走到今天,是大家的信任,因为信任,所以简单!我相信,我也恳请所有的人,像支持我一样,支持新的团队,支持陆兆禧;像信任我一样,信任新团队,信任陆兆禧。

谢谢大家。明天开始,我将有我自己新的生活。我是幸运的,在我48岁我就可以离开我的工作。在座每个人,你们也会48岁之前,工作是我生活,明天开始,生活将是我的工作。

比尔 · 盖茨(Bill Gates)

(美国微软公司董事长)

2007 年 6 月 7 日,美国马萨诸塞州剑桥

在哈佛大学毕业典礼的演讲

世界上最大的不公平

博克校长,鲁登斯坦前校长,福斯特候任校长,哈佛管理委员会各位委员,监学理事会各位理事,各位老师,各位家长,尤其是各位毕业生:

有一句话我等了三十多年,今天终于可以说:“老爸,我一直对你说,我要拿着学位回来见你。”

我要感谢哈佛及时给我这个荣誉,因为明年我就要换工作了(译者注:盖茨 2008 年 6 月 27 日退休,并把所有资产捐给他和妻子名下的慈善基金会,从事专职慈善工作),到那时,我就可以在我的履历表上填上大学学位,这真不错。

在座的各位毕业生,你们获得大学学位要比我顺利多了,我向你们表示祝贺。当我看到哈佛校报称我是“哈佛大学历史上最成功的辍学生”时，我也感到很高兴。我猜想，正因为我是失败者里做得最好的，哈佛才让我在毕业典礼上演讲。

但是，我还想让大家知道，我还动员史蒂夫·鲍尔默（译者注：微软公司首席执行官）从哈佛商学院退学。可见，我这个人影响极坏。所以，哈佛邀请我在你们毕业典礼上演讲，如果在你们开学典礼上演讲，估计你们没有几个人能坚持到今天毕业。

哈佛的经历让我难以忘怀。校园生活令人陶醉。在哈佛时，我常去旁听我没有选修的课程。宿舍生活也令人兴奋。我住在拉德克利夫学院卡里尔学生公寓，每天晚上，都有一群学生待在我宿舍聊天到深夜，因为他们知道，我从不考虑第二天的起床时间。就这样，我成了校园里“反社会集团”的头头，我们混迹在一起，对那些循规蹈矩的人们表现出不屑一顾的姿态。

拉德克利夫学院是个生活的好地方。那里的女生比男生多，而且大多数男生都是理工科的，这种搭配对我来说真是天赐良机，我想，你们明白我的意思。可我从那里得到的教训是，机会并不意味着成功。

在哈佛有一件事让我记忆犹新。1975 年 1 月的一天，我从卡里尔学生公寓给新墨西哥州阿尔布开克市的一家公司打了一个电话，我知道他们当时正在制造世界上第一批个人电脑，我便提出向他们出售电脑软件。

我怀着忐忑不安的心情拨了那个电话，担心他们发现我是在学生公寓打的电话而挂断电话。可他们却说：“我们还没准备好，你再过一个月来找我们吧。”真是谢天谢地，这可是个好消息，因为那时我根本还没编写软件。从那时起，我夜以继日地为这个课外小项目工作，这意味着我大学生涯的结束，也意味着微软的伟大征程的开始。

在哈佛的日子里最让我难以忘怀的是，我置身于一群精力充沛的知识精英之中，这让人兴奋不已，但也面临着压力，有时也令人感到沮丧，但总是伴随着挑战。尽管我较早地离开哈佛，但能在这里生活几年确实是一种特殊的荣耀。在这里，我建立了友谊，产生了许多创新想法。哈佛改变了我的人生。

然而,如果认真反省过去,我也确实有一个很大的遗憾。

离开哈佛时,我根本没有意识到世界上存在的各种不公平:医疗保健、财富分配和机会的极大不公让数以亿计的人生活在绝望之中。

我在哈佛学到了很多关于政治和经济的新思想,也领略了科学所取得的巨大进步。但是,人类最伟大的进步并非来自这些发现,而是如何用这些发现并减少不公平,不管用何种方式——民主政治制度、强大的公共教育体系、公平的医疗保健服务、广泛的经济机会均等,减少不公平才是最伟大的人类成就。

当我离开校园时,我对这个国家有数百万青年被剥夺了大学教育的机会所知甚少,对发展中国家数以亿计的人们生活在极度贫困和疾病之中也一无所知。我用了几十年的时间明白了这一切。

在座的各位毕业生是在与我不同的年代来到哈佛的,你们比你们的学长们对世界各种不公平的认识更深刻。在你们哈佛求学的几年里,我希望你们思考了这些问题:在科技飞速发展的时代,我们能够最终考虑这些不公平,解决这些问题。

为了便于讨论这个问题,请想象一下,假如你每周可以拿出一些时间,每月可以捐献几美元用于某项事业,并希望把自己的时间和金钱用在拯救生命、改善生活的最有效的方面,那你选择在什么地方投入这些时间和金钱呢?

对我和梅琳达(译者注:盖茨的妻子)来说,也面临着同样的问题:我们如何用我们所掌握的资源为尽可能多的人提供最大的帮助。

在我们讨论这个问题时,我和梅琳达读了一篇文章,说的是在贫穷国家,每年有数百万儿童死于在我们这里很早前就不在话下的疾病,如麻疹、疟疾、肺炎、乙型肝炎、黄热病,还有一种以前我从未听说过的疾病——轮状病毒,这种疾病每年夺走50万儿童的生命,但没有一例发生在美国。

我们对此感到震惊!我们原本以为,面对数百万儿童患上本可以治愈的疾病，世界应该发现这些患病的孩子，并把药物送到他们手上，拯救他们的生命。可事实并非如此，人们并没有采取用不到一美元就可以挽救一条生命的行动，患病儿童并没有得到这些药物。

如果你认为所有人的生命是平等的，当发现世界上确实存在极力挽救一些生命而放弃另一些生命时，你会感到震怒。我们会对自己说："难道真是这样吗？如果这是真的，我们就要把改变这一状况作为我们捐献的最优先工作。"

所以，我和梅琳达就用在座的各位都会采取的方式开始我们的工作。我们问自己："这个世界怎么会放任这些孩子的死去？"

答案很简单，也很残酷。挽救这些儿童的生命，并不能从市场上获得报酬，政府也不愿意向这方面投入。所以，这些孩子们死去了，只是因为他们的父母在市场上没有能力，在体制内没有话语权。

但是，你们和我有能力，也有话语权。

如果我们建立一个更有创造力的资本主义制度，拓宽市场机制让更多的人可以从中获利，或至少可以养家糊口，我们就会让市场机制更好地为穷人服务，为那些受到最不公平待遇的人提供帮助。我们也可以向世界各国政府施加压力，让政府把钱花在纳税人认为最有价值的地方。

我们能够找到办法，在帮助穷人的同时，为商人带来利益，为政客带来选票。我们会找到减少世界不公平的可持续的道路。这是无限广阔的事业，永无止境。只要积极努力应对不公平的挑战，我们就会改变这个世界。

我们对此持乐观态度，但我也与对此悲观失望的人交流过，他们说："从人类开始，不公平就一直伴随着我们，这是因为，人们对此早已习以为常了。"我彻底反对这种观点。我认为，我们不是不关注不公平问题，而是不知道怎么去解决这个问题。

在场的所有人，时常为人类发生的各种悲剧而伤心悲痛，可我们却袖手旁观。这不是因为我们不关注这个问题，而是因为我们不知道如何去做。

假如我们知道如何提供帮助,我们就会采取行动了。

改变世界的障碍不是人们的冷漠,而是事情太复杂。

把关心转换成行动,我们需要发现问题,找到解决问题的方法,评估行动的效果。然而,复杂性阻碍了所有这三个步骤。

即使有了互联网和24小时不间断新闻,但人们真正发现问题也是件很复杂的事情。当一架飞机坠毁,当局会立即召开新闻发布会,承诺立即展开调查,查明坠机原因,杜绝类似事件的再次发生。

但是,如果是善于狡辩的官员,他们会说:“本次坠机事件的罹难者只占今天世界死于可预防事件的人数的0.5%。我们决心采取一切措施解决引起这0.5%死亡人数的问题。”

显而易见,更大的问题不是本次坠机事件,而是数百万可以预防的死亡。

关于死亡的事情我们无法知道得更多,媒体报道的是新闻,而数百万人面临死亡就不是新闻,所以,新闻背景很容易被忽略。然而,即便我们在现场亲眼目睹了事情的经过,或者看到了有关报道,我们也很难一直关注它,因为看到不幸的事情,而事情又如此复杂,以至于我们无能为力,这会让我们感到痛苦,所以,我们就设法忘掉此事。

如果我们能够真正地发现问题,这也只是第一步,我们还要继续走第二步:从错综复杂的事件中找到解决问题的方法。

要想把我们的关心尽可能多地落实到行动上,找到解决问题的方法至关重要。如果我们有一个明晰可行的答案,不管什么时候一个组织或一个人问我们“如何提供帮助”时,我们就可以立即行动起来,并确保世界上任何对人类的关心都得到落实。但是,复杂性让那些富有爱心的人很难找到正确的行动路线,这些关心也就很难产生实际效果。

从复杂性中找到解决问题的方法要经过四个步骤:确定一个目标;找到最有效的方法;发现实现目标的最理想的技术;与此同时,充分利用现有技术,不管现有技术是复杂的,如药品,还是简单的,如蚊帐。

艾滋病的传播就是一个例子。当然,长远目标是消灭艾滋病。最有效的方法就是阻止艾滋病毒的传播。最理想的技术就是发明一种疫苗,一次使用可以让人终生免疫。所以,政府、制药公司、基金会都要资助艾滋疫苗的研究。但是,这项研究似乎在十年内很难完成,所以,这期间我们必须用现有的手段阻止艾滋病的传播,其中最有效的方法就是让人们避免高危性行为。

要想实现这个目标,就必须再次从"四步循环"开始,这是一种模式。重要的是,我们永远不要停止思考和行动,永远不要犯我们20世纪在疟疾和肺结核上犯过的错误,那时,我们向这两种疾病妥协了,放弃了努力。

当找出了问题以及解决问题的方法,就要进行最后一步的工作,也就是评估你们行动的效果,让其他人从你们的努力中分享成功的经验和失败的教训。

当然,你们要进行统计。你们必须让人们知道一个项目让几百万儿童接种,通过接种,死于这些疾病的儿童人数下降了多少。统计非常重要,它不但可以提高项目质量,也有助于从企业和政府那里吸引更多的投资。

但是,如果你想激励更多的人参与进来,仅展示统计数据就远远不够了。你必须传递项目的人道信息,让人们感受到拯救一个生命对他所在的家庭意味着什么。

几年前,我去瑞士达沃斯参加一个全球健康论坛,讨论拯救数以百万计的生命的方法。数百万!想想拯救一个生命带来的震撼,现在把这种震撼放大数百万倍!然而,这是我所参加过的最令人窒息的论坛,它让我窒息得无法忍受。

那次经历之所以让我难以忘怀,是因为我刚从一个计算机软件第13版本的推介会上回来。在推介会上,我们让人们欢呼雀跃,我喜欢让人们为计算机软件兴奋不已,可我们为什么不能让人们为拯救生命而更兴奋呢?

只要让人们看到和感受到拯救生命所产生的效果,他们就会为之兴奋。

但是，如何让人们看到和感受到拯救生命所产生的成效却是一个复杂的问题。

我仍然是乐观主义者。是的，不公平将会永远伴随着我们，然而，那些帮助我们化繁为简的新工具可不是一直伴随着我们，它们是新发明出来的，可以帮助我们把关心尽可能多地转化为行动，这就是未来会以新的面貌出现的原因。

当今社会新发明、新技术如雨后春笋一样不断涌现，生物技术、计算机、互联网……所有这些发明创造给我们带来了前所未有的机遇来消除赤贫，防止人们死于本可以医治的疾病。

60年前，乔治·马歇尔（译者注：1947年1月至1949年1月任美国国务卿）也是在这里的毕业典礼上发表了演讲，他在演讲（译者注：指“马歇尔计划”，全文收录于《美国20世纪经典演讲100篇/政治卷》，江西人民出版社2007年版）中宣布了一个计划，帮助欧洲国家的战后重建。他说：“我认为，我们所面临的困难是，报纸和广播传达给公众的报道错综复杂，普通民众很难对局势作出明晰的评估。此外，美国距欧洲如此的遥远，要想对那里的各种情况都作出正确判断也是不可能的。”

马歇尔在这里发表演讲30年后，我那一级学生毕业，当然不包括我，那时，新技术开始让世界变得更小、更开放、更容易看到、距离更近。

低成本个人电脑的出现催生了强大的互联网的诞生，它为学习和交流提供了便利。

互联网的神奇之处不仅在于它缩短了空间距离，让人们天涯若比邻，它还让同一研究领域的人有机会交流，集思广益，这就大大加快了发明创造的速度。

我们同时也要认识到，世界上每有一个人使用互联网，就有五个人没有使用互联网的机会，这就意味着把许多创新观点排除在讨论之外，使那些具有应用知识和相关经验的聪明人，不能利用互联网技术扩展自己的智慧，为世界贡献自己的聪明才智。

我需要让尽可能多的人使用互联网，因为互联网的优势引发了一场革命，让全世界的人们互相帮助，人人为我，我为人人。不但是政府，就是大学、企业、小社团，甚至是个人，都可以通过互联网来发现问题，找到解决问题的方法，评估解决60年前乔治·马歇尔提到的饥饿、贫穷、绝望等问题所取得的效果。

哈佛大家庭的各位成员，在场的各位属于世界智力精英群体，你们能做些什么呢？

毫无疑问，哈佛的老师、校友、学生和赞助人，已经用他们的能力改善了美国乃至世界人民的生活。但是，我们还能做些什么呢？哈佛能不能把自己的智慧用于改善那些从未听说过“哈佛”这个字眼的人们的生活呢？

请允许我向各位院长和教授提一个请求，你们是哈佛的智力领袖，当你们雇用新老师、给予终身教职、评估课程和授予学位时，请你们扪心自问一下这些问题：

我们应该把最优秀的研究成果解决我们最大的问题吗？

哈佛应该鼓励教师去研究解决世界上最严重的不公平吗？

哈佛学生应该从全球不公平现象学到什么吗？这些不公平包括极端贫穷、全球性饥荒蔓延、洁净水源匮乏、女童被阻在校门之外、儿童死于可以治愈的疾病，等等。

世界上那些享有最大特权的人应该知道那些平民百姓的生活吗？

这些问题可不是客套，你们要用心来回答。

当我收到哈佛大学的录取通知书时，我母亲感到非常骄傲和自豪。她一直督促我要为别人做更多的事情。在我结婚的前几天，她主持新娘进家仪式，仪式上，她高声朗读了一封写给梅琳达关于婚姻的信。那时，我母亲到了癌症晚期，但她还是想再多抓住一次机会传播她的信念。在信的结尾她说：“多给谁，就向谁多取。”（译者注：引自《圣经·新约·路加福音》第12章第48节）

在座的各位都想想,你都索取了什么？天赋、特权、机遇,可以说,世界有权向我们索回无限多的东西。

根据这个时代的希望,我要勉励在座的所有毕业生,要思考一个复杂的问题,在一个存在极度的不公平的世界,要成为解决不公平问题的专家。如果你们都能把它作为职业的核心,就一定会做得很出色。记住,你们没必要一定要做惊天动地的大事,只需每周拿出几个小时,利用日益增长的互联网的力量获得信息,就能找到更多志同道合的人,发现困难之所在,并找到解决困难的方法。

不要让复杂性阻碍你们前进的道路,要成为积极的行动者,解决世界上最大的不公平,并把它作为未来生活的一件大事来对待。

在座的各位毕业生处在一个神奇的时代,你们离开哈佛时,拥有我们那一代学生从未见过的技术。你们已经认识到了我们那时没有认识到的全球不公平,有了这种认识,内心就构建了一种道德,当用你们的举手之劳便可改变一些人的命运而你却无动于衷时,你们就会受到良心的谴责。你们比我们获得的更多。你们必须尽快开始,并且矢志不渝。

既然认识到了这一切,那你们怎么会不行动呢?

我希望,三十年后你们再相聚哈佛,回忆一下用自己的聪明才智和精力都做了些什么。那时,我希望你们不要仅凭专业成就来评价自己,也要评价自己在减轻世界上最大的不公平上做得如何,评价自己如何对待那些除了同是人类之外与自己毫无共同之处的素不相识的人。

祝各位好运!

比尔·盖茨(Bill Gates)

(美国微软公司董事长)

2005 年 9 月 19 日,美国华盛顿州雷德蒙德

在美国全国公共广播电台(NPR)作的广播演讲

释放创造力

我一向是个乐观主义者,我认为,创造力和智慧可以把世界建设得更美好,这一认识已植根于我的信念。

自从我记事起,我就善于接受新生事物,解决一些问题。所以,当我上七年级第一次坐在电脑前,我就被迷住了。那只是一台噼啪作响的电传打字机,与我们今天的计算机不可同日而语,简直不能做任何事情,但它改变了我的人生。

三十年前,我和我的朋友保罗·艾伦创办微软时,我们当时有个幻想,那就是在每个家庭、每张办公桌上都有一台计算机。当时的多数计算机的个头像冰箱那么大,我们的想法听起来有点过于乐观。但是,我们坚信个人电脑将改变世界。这已经实现了。

三十年后,我童心未泯,像读七年级时一样对计算机着迷。

我认为,计算机是满足我们的好奇心和发挥创造力的最神奇的工具,它可以帮助我们解决那些最聪明的人仅凭个人能力也无法解决的问题。

计算机改变了我们传统的学习方式,向任何地方的孩子们开启了通向世界知识殿堂的大门。计算机把志同道合的人聚集在一起,帮助我们与对自己非常重要的人讨论,不管他们是在天涯还是在海角。

像我的朋友沃伦·巴菲特(译者注:美国著名投资家,伯克希尔·哈撒韦公司董事长)一样,我每天能做自己喜欢做的事情,这让我很高兴。巴菲特把这称为"跳着舞去工作"。但是,我在微软的工作一直非常具有挑战性,只有当我们推出新产品时,我才有"跳着舞去工作"的感觉。例如,让计算机认识你手写的字,听懂你说的话,或者能够储存你一生的照片,人们会兴奋地说:"哇,我真不知道你竟然能让个人电脑做这样的事情!"

然而,一个人除了可以利用个人电脑做很多有意思的事情外,还有很多其他方式发挥我们的创造力和智慧,让世界变得更美好。当前,世界上仍有很多人的基本生活需求没有得到满足,例如,每年有数百人死于在发达国家很容易预防和治愈的疾病。

我认为,我个人所拥有的大量财富使我有责任回馈世界。我和我的爱妻梅琳达已共同承诺,我们要致力于帮助尽可能多的人改善他们的健康和教育状况。

作为一个父亲,我相信,在非洲死亡一个儿童带给人们的悲伤和痛苦,一点也不亚于世界其他地方死亡一个儿童带给人们的悲伤和痛苦,而且,我们不用花费多大的力气,就可以让这些孩子的生活发生天翻地覆的变化。

我认为,世界上每天都发生一些很棘手的问题,但这些问题终究要得到解决,我对此也持乐观态度。人们研究出了治疗致命疾病的新药,发明了新的疾病诊疗器械,对发展中国家的健康问题引起了新的关注。

我为医药、教育,当然还有技术方面取得的成就欢欣鼓舞。我相信,通过我们的与生俱来的探究能力、创造力和善于向困难挑战的精神,在我有生之年,我们能在这些领域取得举世瞩目的成就。

奇普·康利(Chip Conley)

(美国“生活的乐趣”酒店创立者、首席执行官)

2010年2月12日,美国加利福尼亚州长滩

在TED(技术、娱乐、设计)大会上的演讲

计算人生有意义的事情

我想和大家谈谈21世纪领导艺术的一些基本道理。在21世纪,我们需要认真去思考。我今天想鼓励你们思考的是,回到我们学生时代,那时,我们学会了计算。其实,我要说的是,现在我们应该想想我们在计算什么,因为我们究竟在计算什么这个问题很重要。

我先给大家讲个小故事。(译者注:投影上是Van Quach的照片)她叫范国芝(Van Quach),是1986年从越南移民到美国的。为了融入美国社会,她把自己的名字改成了维维安(Vivian)。她在这里的第一份工作是在旧金山市区的一家汽车旅馆做服务员。维维安在这家汽车旅馆工作三个月后，我把这家旅馆买了下来，从此，我们一起工作了23年之久。

1987年我26岁，也不乏年轻人一贯有的理想主义。我开办了一家公司，公司的名字就叫“生活的乐趣”（译者注：公司名字用的是法文 Joie de Vivre），一个花里胡哨但不太实际的名字，因为我很想在生活中创造乐趣。我买下的第一家旅馆按小时收费，是旧金山市区的钟点汽车旅馆。当我与维维安在一起时，我发现她是带着生活的乐趣工作的。这让我疑惑不解：一个人怎能从打扫卫生间的工作中找到乐趣呢？我与她进一步接触后，发现她在打扫卫生间时并没有什么乐趣而言，她的工作、她的任务、她的欲望都无法让她成为世界上最伟大的卫生间清洁工。给维维安带来乐趣的是她与同事和顾客之间的情感上的联系。她为那些远离家乡的人提供帮助，这给她动力，让她感觉到工作的价值，维维安能体会到和她一样背井离乡的人的感受。

维维安20多年前给我上的这堂人性课，帮我度过了上一次经济衰退。在互联网泡沫破灭和“9·11”恐怖袭击事件后，旧金山湾地区的酒店业受到重创，营业额的缩水率创下了美国酒店历史上的记录。我们是旧金山湾地区最大的酒店运营商，受到的损失首当其冲。但是，就是在那时，记得我们在美国不吃炸薯条了（French fries）。当然，也不完全是这样。实际上，我们那时开始吃“自由薯条”，我们开始抵制法国货。还有，我的公司的名字是个法文名——Joie de Vivre，就因为这，我收到亚拉巴马州和奥兰治县等一些地方的来信，告诉我说他们要抵制我的公司，他们认为我的公司是一家法国公司。我给他们回信解释：“听我说，我们不是法国人，我们是一家美国公司，我们的公司总部就在旧金山。”我们得到的答复很简单：“如果是这样的话，那更糟糕了。”

有一天，我感到生活中并没有多少乐趣，有点心灰意冷，便来到我们公司拐角处的一家书店，想去商业图书区看书，从书本里找到帮我走出困境的方法。由于我当时大脑发木，径直走到了开架售书区，在那里，我重温了亚伯拉罕·马斯洛的“需求层次”理论。我在大学选修过一门心理学课程，我知道亚伯拉罕·马斯洛这个人，我们许多人都知道他提出的“需求层次”。然而，我在那里坐了四个小时，用一个下午的时间读马斯洛的著作。受马斯洛的启发，我认识到大多数领导都存在的一个问题，包括商业中一个最简单的事实却常被我们忽视，那就是：我们都是人，不管我们在商业活动中扮演何种角色，我们每个人在工作场所都有需求层次。

就这样，当我读了马斯洛更多的著作后，我对马斯洛有了更深的了解。马斯洛在晚年想把对个体的需求层次理论应用在群体、组织上，尤其是商业经营上。不幸的是，他于1970年过早去世，因此，无法实现自己的梦想。

互联网泡沫破灭后，我就意识到我的人生角色就是引入马斯洛理论。我确实是这样做的。几年前，我将马斯洛需求的五个层次金字塔转化为“再造金字塔”，即生存、成功和再造三个层次。这不但对商业具有重大意义，对人生同样具有重大意义。我们开始扪心自问：“如何让公司的主要员工实现更高层次的需求？”我提出的需求的三个层次是在马斯洛的需求的五个层次理论基础上演变而来的。

然而，当我们问自己如何让自己的员工和顾客实现更高层次的需求时，我发现，这并没有衡量满足程度的标准。我们无法知道这个理论是否正确。于是，我们又开始问自己：“我们可以用大概什么样的标准评估员工的工作价值感，或评估我们顾客对我们的情感联系的价值感？”例如，我们问自己员工：能否理解公司的使命？是否认同这个使命？你们能影响公司的使命吗？你们能感到自己的工作与公司的使命有直接联系吗？我们也问自己的顾客：在七种不同的方式中，你们能感到与我们有情感联系吗？出乎意料的是，我们原本是想通过用问员工和顾客这些问题的方式提高需求层次，可我们发现，这也增加了他们的忠诚度。我们顾客的忠诚度飙升很快，员工流动率降到酒店业平均水平的三分之一。在互联网泡沫破灭的5年期间，我们酒店的规模却扩大了两倍。

我常与旧金山的其他企业领导讨论这个话题,我问他们是如何度过那几年的。他们反复对我说:要管理能够计算的东西。我们能计算的,就是那些处于金字塔底层的有形的东西,而忽视了金字塔顶层的无形的事物。所以,我就问自己这个问题:“我们如何能让领导评估无形事物的价值呢?”如果只是教育我们这些领导计算可以计算的东西的价值,那我们所能计算的只能是人生中有形的东西,这就让我们忽视了金字塔顶部的所有无形的事物。

所以,我走出公司,开始研究一些问题。我从一个调查报告上得知,世界上94%的商界领袖相信,在他们的商业经营中,无形事物至关重要,诸如无形资产、企业文化、品牌信任度等。可是,他们中只有5%的人知道如何去评估自己公司的无形事物的价值。所以,作为领导,我们知道无形事物的重要性,但我们却不知道如何去计算它。爱因斯坦说过:“并非所有能计算的东西就有价值,也并非所有有价值的东西就能被计算。”我不想与爱因斯坦争论,但是,如果我们的人生或商业中存在最有价值的事物,可我们不能计算它,那我们不就是行尸走肉般地消耗生命去计算世俗的东西吗?

什么是有价值的?这个问题确实让我百思不得其解。于是,我就远离首席执行官职务一个星期,飞到喜马拉雅山。这一地区被谜团覆盖了数个世纪,当地人把它叫做香格里拉(译者注:Shangri - La是藏语的音译,是“心中的日月”的意思,并非指中国云南的香格里拉县)。这个地方,实际上已经从金字塔的生存层面上升到世界人生的典范。

我来到不丹,不丹十几岁的国王(译者注:指吉格梅·辛格·旺楚克国王,1972—2006在位)有很强的好奇心。那是1972年,他在父王去世两天后继位,17岁的他问的问题,你们一定会认为是很幼稚的。然而,在他登基后访问印度期间,有个印度记者问他不丹的国内生产总值(GDP)是多少。不丹国王的回答实际上改变了四十年后我们对GDP的认识。他当时是这样回答记者的:“我们为什么要迷恋国内生产总值?我们为什么不关注国民幸福总值呢?”国王的话本质上是要求我们重新定义成功的概念,这就是现在提出的 GNH，也就是国民幸福总值。然而，尽管不丹国王很认真，世界多数领导对他提出的国民幸福总值却不屑一顾，认为这是“佛教经济学”。这是人类历史上的重要时刻，因为在 200 年来世界上第一次有一个国家的领导提出了无形的幸福。在 200 余年前，托马斯·杰弗逊在《独立宣言》中曾提出这一理念。200 年后，这位国王提出的无形的幸福是应该计算的，作为政府官员，也应该计算无形的幸福。

在接下来的三十几年里，这位国王在不丹计算和管理着幸福。就在最近，国王还决定把不丹由君主政体改为君主立宪政体，没有暴力流血，没有政变。你们大多不了解不丹，就在两年前，不丹成为世界上最年轻的民主国家。（译者注：吉格梅·辛格·旺楚克国王年少在英国接受教育，受英国政治影响颇深。2001 年，他下令起草宪法，结束世袭君主制，建立议会民主制国家。2008 年 3 月 24 日，不丹举行民主选举，直接选举国民议会议员，并产生了首个民选政府。）

在不丹的国民幸福总值运动中，我结识了那里的一些领导，想知道他们在做些什么。我和不丹总理一起吃饭时，问他一个不太恰当的问题：“你如何创造和计算那些看不到的东西，换句话说，你如何创造和计算幸福呢？”总理很聪明，他说：“听着，不丹的目标不是创造幸福，我们是创造能让人感到幸福的环境。换言之，我们是创造幸福的栖息地。”你看，这是不是很有意思？总理还告诉我，他们有一套科学的方法推动这项运动。

为了计算国民幸福总值，他们提出了 4 个主要支柱，9 个关键指标，72 个不同项目标准。实际上。其中的一个关键指标就是：不丹人对每天花费时间的方式感觉如何？这是一个很好的问题。你对你每天花费时间的方式感觉如何？时间是现代社会的一项稀缺资源。然而，我们至今没有把这些无形数据计算进我们的 GDP 中。

所以，有了我在喜马拉雅山一周的经历，我开始思考被我称之为“情感方程式”的问题。这个想法是很久以前我读过的美国犹太教教士海曼·萨哈特写的一本上得来的。有多少人知道他？有人知道他吗？1954年，他写了一本书，书名是《人生真快乐》(*The Real Enjoyment of Living*)。他在书中写道："幸福不是拥有你想要的东西，而是想要你拥有的东西。"换句话说，我认为，不丹人相信幸福等于"想要你拥有的东西"——感激之情——除以"拥有你想要的东西"——满足感。不丹人不像我们，满怀雄心壮志，一直盯在我们不拥有的东西上。他们的宗教，他们的闭塞，以及他们对自己文化的深厚感情，再加上他们的国民幸福总值运动，所有这些培育了一种观念，那就是对自己已经拥有的东西要有感激之情。在座的有多少TED听众是把更多的时间花在方程式的下半部，也就是分母上？从各方面考察，我们其实就是一种"大屁股"文化。

西方国家的情况是，我们把主要精力放在对幸福的追求上，好似幸福是在遥远的地方，我们必须到处奔波去寻找，或者认为幸福就是我们自认为能够得到的一个东西。实际上，如果你查一下字典，许多字典都把"追求"(pursuit)定义为"带着敌意去追踪"(chase with hostility)。我们是带着敌意去追求幸福吗？这个是好问题。要想回答这个问题，我们必须再回到不丹。

实际上，不丹北部和南部两个邻国(译者注：指中国和印度)的人口占世界人口总数的38%，这个袖珍国家会像成熟行业里的一个新兴公司一样，或像燎原之火一样，影响到21世纪的中国和印度的中产阶层吗？实际上，不丹输出的是终极产品，是一种崭新的全球福利通货。今天，世界上已有40个国家正在研究自己的全民幸福总值。也许你听说过，去年秋季，法国总统尼古拉·萨科齐宣布发布一项关于幸福与福利的研究成果(译者注：指2009年9月14日在法国巴黎发布的《经济表现与社会进步报告》，*Rapport de la commission sur la mesure des performances économiques et du progrès social*)，该报告由两位诺贝尔经济学得主(译者注：指西蒙·库兹涅茨和理查德·斯通)领衔，历时18个月完成。萨科齐还建议，世界各国领导人应该停止一味追求GDP的短视行为，而要考虑一个新的指数，一些法国人把这个指数叫“生活的乐趣指数”(joie de vivre index)。我喜欢这个名字,正好与我公司是联合品牌,它可以给我带来商机。

三天前,就在三天前的 TED 会议上,我们观看了同步转播的极有可能成为下一届英国首相的大卫·卡梅伦的演讲,他在演讲中引用了罗伯特·肯尼迪在 1968 年发表的诗一般的演讲,这是我最喜欢的演讲之一。肯尼迪在演讲中指出,我们目光短浅地关注一些错误的事情,GDP 就是一个误导性的指标。可见,人们对 GDP 的认识正在发生转变。

下面,我引用罗伯特·肯尼迪演讲中的一段话,实际上,我把它做成了“资产负债表”,(译者注:投影上显示幻灯片,幻灯片左栏是 GDP 计算的项目:空气污染、香烟广告、交通事故救护、防盗设备、监狱、砍伐森林、环境破坏带来的自然景观消失、凝固汽油弹、核弹头、防暴警车、枪支和刀具、宣扬暴力的电视节目;右栏是 GDP 不计算的项目:我们孩子的健康、教育质量、孩子玩耍的快乐、我们诗歌的优美、婚姻的牢固、公共辩论的智慧、公务员的廉洁、我们的聪明才智、我们的勇气、我们的智慧、我们的学问、我们的同情心、我们对祖国的忠诚。)这就是对罗伯特·肯尼迪那段话的概括。GDP 计算包括所有东西,从空气污染到砍伐森林。但是,GDP 并不计算我们孩子的健康,也不计算公务员的廉洁。当你们看到这两栏列表时,你们难道不认为我们应该寻找一种新的方法进行计算,计算我们人生中最重要的事情吗?

当然,罗伯特·肯尼迪在演讲的最后建议说:“GDP 计算了短期内的一切经济活动,就是没有计算让人生有意义的活动。”那么,我们该怎么做呢?我举一个我们在十年后就能做的事情,至少到那时在美国可以做到。在 2010 年,我们究竟为什么要在美国进行人口普查?为了这次普查,我们花费了 100 亿美元。这次普查,我们只问了 10 个简单的问题,非常简单,所有这些问题都是有形的,如你在哪里住、与几个人同住、是否拥有房产等等之类的问题。我们没有问有价值的指标,没有问重要的问题,没有问任何无形的事物。

亚伯拉罕·马斯洛在很久以前说过一句名言，也许大家都听说过这句话，但你们不一定知道是他说的。马斯洛说："如果你手里只有榔头这一把工具，那么，你看任何东西都像钉子。"所以，我们是被自己的工具给愚弄了。请原谅我这么说。GDP就是我们的榔头，我们的钉子就是19世纪和20世纪的工业成功模式。然而，当今世界GDP的64%是由无形的服务业创造的，我就属于服务业。只有36%的GDP是有形产业也就是制造业和农业创造的。所以，也许现在我们该换个大一点的工具箱了，是的，也许现在我们该有一个工具箱，不仅能计算人生中容易计算的有形的东西，也能计算对我们最有价值的那些无形的事物。

我想，我是个充满好奇心的首席执行官。我在读大学时，对经济学专业很好奇。我发现，经济学家计算任何东西都是用产出和消费两个有形的单位来计算，好似这两个有形的单位是相同的。事实上，它们并不相同。作为领导我们应该知道，如果我们为员工创造满足他们生活需求的环境，我们就能影响产出单位质量。实际上，在维维安这个例子中，她的产出单位并非是她有形的工作小时数，而是她在每个小时的工作里带来的无形的变化。（译者注：投影上显示戴夫·阿林戴尔与维维安的合影）这是戴夫·阿林戴尔，他是维维安汽车旅馆的常客，在过去20年里，他在那里住了100次，他对旅馆的忠诚来自维维安及其同事们与他建立起来的良好关系。维维安与同事为他创造了一个幸福的栖息地，戴夫·阿林戴尔告诉我说，他会永远信赖维维安和那里的其他员工，他们能为他提供宾至如家的感觉。

奇怪的是，商界领袖和投资者在经营中，往往不知道创建员工无形的幸福与创建有形的经济利益之间的联系。热情的员工和企业利益并非是鱼和熊掌不可兼得，这两者我们可以同时兼得。事实上，热情的员工往往有助于企业取得可观的利益，难道不是这样吗？

所以，我认为，现在世界需要的是商界领袖和政治家知道去计算什么。我们计算数字，但我们依靠的是人，只有把这些数字用在关心我们的人民上才有意义。这是我从一个旅馆服务员和一个国王那里学到的。你们今天开始计算什么呢？你们今天开始计算的对你的人生——不管是工作还是生意——有意义的事情是什么呢？

非常感谢大家。

卡莉·菲奥里纳(Carly S. Fiorina)

(美国惠普公司前总裁兼首席执行官)

2006年10月18日,美国马萨诸塞州的波士顿

在麻省理工学院的演讲

艰难的选择

非常感谢你们。很高兴,我又回来了,88—89级是到目前为止最优秀的班级(译者注:菲奥里纳在麻省理工学院斯隆管理学院获管理学硕士学位),我很想保持这个记录。

我做了个决定,我要写一本书,书名是《艰难的选择》,我要亲手写这本书,每个字都要出自我自己的手,不要合作者,也不找"枪手",不管写得好与坏,都是我自己的事。

大约五年前,我有了写书的念头。当时,我坐在证人席上,接受几个律师的询问。那时,惠普公司刚获得了兼并康柏电脑公司的足够的股份,有人最后一次起诉我们,试图阻止收购。我在证人席上被这些律师盘问时发现，很多人根本就不懂如何做管理，他们问我的所有问题，就是如何确定目标、如何激励员工去实现这个目标。事实上，如果你想改变产品和利润，那就必须改变员工每天的工作。所以，我五年前就决定写本关于企业管理的书，讲述我在管理中最吸引人、最富有挑战性和最有趣的故事。就是围绕着人写，都是关于人的事情。你们这些斯隆管理学院的学生当然也知道，这本书也关心数字，数字对企业管理来说当然也很重要。毫无疑问，书里也必须谈到技术。但是，产品是人生产出来的，数字也是人统计出来的。所以，我要写的这本书，归根结底是关于人的。如果你们想读这本书的话——我当然希望你们读，你们就会发现，我开篇所写的，本书的开始两页我要写我被解雇的真相（译者注：菲奥里纳于2005年2月9日在董事会的建议下，辞去了董事长和首席执行官）。我被解雇的消息可是个吸引眼球的大新闻，世界媒体都做了头条报道。现在还有人对我说："天啊，你失败了。"我要说的是，我可不认为我失败了，我只不过是被解雇了。我一会儿就会谈到这个问题。我决定，我就从我被解雇这件事写起，因为，如果我不坦诚地说清楚这件事——这件众所周知的事情，读者就不会相信书中的其他内容。所以，我把我被解雇的事情作为本书的开头。

过去，不管发生了什么事情，也不管我感受如何，第二天我仍要起来继续工作。我也要用一章的篇幅来写我在麻省理工学院的生活，因为我在这里的学习生涯给我带来了很大的变化，我要谈谈我在这里选修的三门课，这是因为，这三门课对我影响深远。我要告诉你们，我很喜欢这三门课，实际上是四门。我选修了运筹学，学了系统问题，这帮助我在惠普公司认识了企业改造的系统本质。当你们学习复杂系统问题时，你们就知道，你们不能仅仅凭处理问题的一两个变量来解决其中的任何一个问题。你必须认识到所有问题的各个变量，知道它们之间的相互影响。

对我来说，我到惠普公司，那是一个图形处理公司，很神秘，当时的惠普公司陷入危机，公司业绩不断下滑，已经被剔出了全球最具发明创造25强公司行列，并连续9个季度不在该名单上，错过了科技发展的鼎盛时期。然而，就是在这种糟糕的状况下，员工的奖金却高得惊人。这是一个躺在过去的成绩上睡大觉的公司，没有规划未来的发展。我来到惠普公司后，诊断出这是一个极其复杂的系统问题，如果我们要改造这家公司，这不仅需要时间和数万员工的精力，也需要我们改变企业发展战略，调整企业结构，理顺管理程序，完善业绩评估方法，健全奖励制度。当然，还有企业文化，也就是价值观念和行为准则，我把这叫公司软件。我之所以把企业文化称作是公司软件，是因为企业和电脑一样，如果软件不胜任硬件也无法工作。对你们大家来说，请允许我重复这个问题，价值观和组织行为等企业文化，所有这些都属于无形的东西，但却最重要，它们是公司软件。

我在麻省理工学院学的另一门课程就是博弈论。我对博弈论很感兴趣，因为这门课程的老师是博学的杰克·雅各比。这门课非常重要，我的理解是，博弈论就是科学家们试图解释非理性决策和非理性构架。并非所有的决策都是理性的，并非所有的决策就是建立在科学的基础上的。很多企业管理者时常被自己的恐惧吓倒，被自己的怨恨压垮，被自己的对手击败，被自己的日常事务纠缠。这是生活的一部分，企业管理就是一伙人一起工作。

我是从秘书做起的。我曾在斯坦福大学主修中古史和哲学，这两门学科都很有趣。但我不能靠这个吃饭，于是，我又去了法学院。可我很快发现自己讨厌法学院，我便退学了。我必须找个能养活自己的工作，我认为自己能做的唯一工作就是秘书。实际上，说秘书那是好听而已，我干的就是接待员的活儿。我坐在大厦的大厅前面，打字、接电话。这就是我的工作。那时我想，在收发室的人和在董事会的人会有天壤之别。我在我的人生和职业生涯中所学到的，以及我要在这本书里写的，就是关于人的问题，不管在哪里，人就是人。有的人为荣誉地位而活，有的人为当平民百姓而乐。如果你对此有怀疑，可以想想最近发生的股票期权回溯的丑闻。你们会发现，美国一些最受尊敬的公司的高管失去了良心和道德，他们认为可以拿走什么东西,因为没有明确的规章禁止他们这么做。这就是良心和道德的崩溃。

我在做秘书时就观察到,坐在收发室里,有时人们会突然中断正讨论的真正需要解决的问题。这往往发生在机构失调,或者企业发生了不幸事情的时候。公司从下到上都是如此。不管在哪里,人就是人,这让我感到博弈论课程很有趣,这是一门定量科学,试图解释人的个人偏好、动机和恐惧为什么会驱使他们做一些非理性的决策。这样的事情总在发生。如果你要把企业管理好,就必须了解人。

我还选修了组织行为学。学习中,我们必须要做的一项非常重要的事情就是,扮演劳工谈判中的角色。每个学生都参与其中,这酷似选举辩论,必须知道如何把对立的双方拉到一起,双方很清楚,解决劳资纠纷的唯一方法就是,双方都认为他们提出的问题至少被对方认可,然后希望用某种方式来解决这些问题。换句话说,一定要在某方面能找到双赢的解决方案。每个人都清楚,我们是在学习。但是,当学生们进入角色后,很快就演变成了零和游戏,个个争得面红耳赤,后果不言而喻。所以,我总是说,不管在哪里,人就是人。一个人获得高等学位的数量,与他们的良心、成熟与否,洞察力或道德无关。这是我在这里学到的最重要的一门课程。在一本叫《权力与责任读本》的书中我对此也谈了很多。那是一部文学作品,是各个时期动人的故事,描写了一些人的伟大言行举止,给我留下很深的印象。

我给别人的职业建议很多,其中一条建议是给我的第一个下属的。她是位年轻女士,正为一些个人选择而纠结。在上个世纪 80 年代,她干过工程师,她在设法平衡一生的工作和生活的关系。我对她说:“永远不要出卖自己的灵魂,因为你一旦把自己的灵魂出卖了,没人会偿付你。”这样的忠告对那些精英工程师来说过于情感化,我的理解是,一个人在其职业生涯中有很多很多的机会,这就会让你迷失方向,因为人如果被贪婪驱使着,太多的机会反而会让你迷失方向。股票期权追溯丑闻也是这个道理。人一旦成为贪婪的奴隶,就会忘记判断是非曲直的基本原则。人也会被野心征服:我之所以要这样做，是因为这样做我就可以得到下一个工作或者保住现有的工作。人也会被恐惧征服，我在书中也用很大的篇幅阐述恐惧。如果你想改变其他人的一贯做法，你就必须明白，人害怕改变，人们总是在抗拒改变，这是人的天性。人为什么会抗拒改变呢？因为人对未知领域感到恐惧，任何组织的自然倾向就是维持现状。为什么？因为维持现状就保住了当权者的地位。人都不想放弃自己的权力，这是人的天性。所以，任何组织都倾向于维持当权者的地位，这是人的天性。如果你想改变什么，就像我们改变那个叫惠普的大公司一样，你必须了解人们恐惧什么，你必须了解人们的动机，你也必须知道一些数字。这本书就是关于所有这些事情的。我再讲两分钟就结束，给大家留出更多的时间提问。

我相信，变革不但需要了解人的天性，也需要明辨是非的现实主义，需要明察秋毫的判断力，也就是说，要了解所有事情，然后给大家解释清楚。我 1999 年到惠普公司时，当时的情况我刚才讲了，在发明创新、财务表现和竞争力等各方面都越来越退步，惠普已经远远落在了其他竞争者的后面。还有，惠普公司被分解得七零八落，有 87 个不同的经营单位，这些经营单位各自为政，甚至在市场上有自己的品牌，大概有 150 个品牌。也许你不相信，当我问他们惠普公司有多少员工时，竟然没有人能答得上来，因为有 87 个不同的信息技术体系，有 87 个不同的人力资源部门，效率非常低下。可人们都设法抓住自己的权力不放，也不允许别人使用自己控制的资源。

当你要改造一个企业时，领导的任务就是发现其他人不能发现的问题。在别人发现问题之前发现问题，是领导的基本素质。领导的最基本的工作就是，在别人之前预见到危险和机会，并采取相应的行动。如果你对此疑惑不解，那就对比一下柯达公司（译者注：曾是世界上最大的影像产品生产商和供应商，因数码影像技术的崛起，柯达公司于 2012 年宣布破产）和惠普公司。1999 年，柯达公司的影像产品利润丰厚，五年后，这个公司的业务暗淡下来，因为新的技术颠覆了整个影像产业，你们都有手机，可以用手机拍照。

仅五年的时间,柯达公司终于宣布……我非常尊重在座的来自柯达公司的听众,柯达公司终于宣布:好的,我们明白了,我现在要转向新的数码产品,我们要削减我们的传统影像业务。市场的回应是:好啊,这是正确的决定,大家欢迎这个决定。可这太晚了,也许柯达品牌会被保留下来,但柯达公司能不能生存下来,这还是个未知数。

另一方面,当我们兼并康柏时,没有几个人认识到科技企业联合的重要性,当时很多人把这视为异端邪说;没几个人认识到眼光和技能的重要性;没有几个人认识到我们可以与戴尔竞争;没有几个人认识到我们可以战胜IBM成为世界上最大的技术公司。顺便说一下,这些都是我们在2001年提出的目标,当时看上去有点狂妄自大,甚至是天真可笑,但现在回头看来,显而易见,产业必须联合,惠普必然面临与戴尔和IBM的竞争。在我们宣布兼并康柏时,我对双方董事会说,股票会下跌,惠普股票将下跌20%,实际上下跌了23%,与我的预测很接近。

我的观点是,领导有时要承担起改造企业的重任,这样,我们才能拯救一个公司。但是,这对所有相关的人来说,是一场残酷的和令人痛苦的危机。我选择这样的改造,意味着有人要失去工作,在我任期内,我解雇了3.6万名员工,我知道,这些被解雇的人不喜欢我。我也知道,改造必然伴随着人们对改造领导者的怨恨、恐惧和愤怒,然而,领导就是变革。

管理就是在众多已知因素中提供一个可被接受的结果,管理是很有价值的职业,但它不是领导。领导就是改变事物的秩序,发现其他人看不到的可能性。在座的人有的可能过去听过我演讲,我坚信,任何人都可以随时在任何位置上离开。领导不是一个位置,也不是你有多少个大学文凭,领导就是为改变事物的秩序而作出的积极的、不同的决策。领导既是奖赏也是艰辛。我所学到的最重要的一课是我当秘书时学到的,我坐在那里打字、接电话,顺便说一下,我当时工作的大厦距惠普公司总部只有一个街区,这太不可思议了。当了六个月的秘书后,有两位先生来找我,他们对我说:“我们认为你可以做别的工作，可以做更多的工作，你想为我们写合同吗？”这是我第一次看到自己有经商的潜力。我那天学到的领导知识是什么呢？领导的工作就是发现别人的潜能，领导的工作就是看到周围环境里的机遇。变革需要现实主义，需要明辨是非的现实主义，知道我们的处境，知道我们的问题之所在，知道我们所面临的危机。同时，变革也需要积极乐观的态度，因为乐观主义者相信事情会朝好的方向发展，相信人们即使有恐惧也会与你同舟共济。那天，两位先生告诉我，领导能看到别人的潜能，能看到周围环境里的机遇。

最后，我给大家提一条职业建议，然后再回答你们的提问。我的职业建议是，不要好高骛远，整天忙着找下一份工作，要把现有的工作做好，要满腔热忱地工作，要带着责任感去工作，要做出一流的工作，要自豪、真诚地工作，在工作中要尽可能多地学习新知识，努力发挥自己的特长。不要纠缠于你做不了的工作，而要专注于你能做的工作。如果你做到了这些，机会就会敲你的门，会有人给你做更重要工作的机会。当机会敲门时，要勇于接受，不要害怕走出自己的小天地，要大胆地接触新事物，敢于冒险，不怕犯错。这些就是人生和成功的基础。

我从未有当首席执行官的计划，也从来没有想过我某天会成为首席执行官。当我从斯隆管理学院毕业时，我第一次有了首席执行官的念头，大概是我看到很多首席执行官是从这里走出去的。我发现，自己看着这些首席执行官时，有的让我心怀敬意，有的则很平淡；有的让我渴望与他们喝杯什么，有的让我希望永不相见；有的言行得体备受尊敬，有的矫揉造作令人作呕。不管在哪里，人就是人，如果你能作出选择，要么领导，要么被领导。

它传递给你而骄傲……"

于是，伴随着我抽屉里我父母对杰出的领导力的定义，我敢于将攻击性重新定义为决断性，但希望永不具有伤害性，来确保我在作出硬性的决定时能足够强硬，但又不失公正，始终善待别人……提醒自己既要具有中国传统所鼓励的谦卑和感性，同时也要有商界高压力环境所要求的外显的自信和勇气。

从某种意义上，我自己的经历映射了商界中的许多女性，她们也在为保持最佳的自我和追求成功的管理生涯而奋斗。在我访问期间，我遇见了很多女性，同她们交谈，我感到欣慰的是在所有领域、机会的大门已经为女性同胞打开。但我也知道真正的改变是漫长的，我希望我自己作为女性和领导者的经历会提供一个有价值的视角。

作为一家"比女人更了解女人"的企业，雅芳对于为女性提供发展机会的信念是第一位的。你们可能知道雅芳的高级管理层很多是女性。实际上，这也是我十年前加入这家公司的原因之一，然后不断努力工作，得到升迁，承担更多的职责。

但有意思的是，只有在近几年这家"比女人更了解女人"的公司才让女性出现在高级领导层的职位上。十年前，执行层队伍中几乎没有女性，而中层管理人员中也最多只有零星几个。这是一个客户和销售人员几乎100%是女性的公司，但有能力的女性偏偏无法上升到高位。

这不仅不公平，也是一个很糟糕的决策。没有女性参与的管理层开始给雅芳带来损害。1975到1985年间，超过1250万妇女加入了美国的劳动力大军。这些职业妇女需要新的服务。但是，那时雅芳的领导团队还是全部由男性组成，我们计划市场战略时听不到女性的声音，结果便是美国这个我们最大市场上的销售情况受到冲击。

幸运的是，雅芳学会了改变。男性和女性现在作为平等的伙伴一起共事。他们互相学习，互相尊重。我们仍向男性高级管理者提供最佳的职业发展机会,但现在,女性有了同样的成功可能性。

今天,雅芳的11位董事会成员中有6位是女性。我的助手是一名女性。我们全球的管理层几乎一半是女性。重要的是,我们设立了特殊的项目来培养下一代的女性职员,她们接受培训准备将来成为各个全球市场的总经理。

我感到同样兴奋的是雅芳在中国培养下一代女性领导者的成果。这里有78%的成员是女性,女性更在经理和主管队伍里占75%,在最高层的管理人员中占30%。

随着雅芳在为女性服务方面的声誉和对我个人职业成功的宣传,我经常被问及对如何成为明日的领导者有何建议。其实,回想我的职业生涯,我逐渐相信的确有一些非常特殊的要素决定了哪些人会成为领导者,并帮助她们在今天高度竞争的环境中显露锋芒。

首先是热情。你必须热爱你的工作。你为每天去工作感到兴奋。我念书的时候老师教我们市场营销的"4P"原则:产品(Product)、价格(Price)、地点(Place)和促销(Promotion)。但他们没有告诉我们第五个,就我的体会也是最重要的原则:热情(Passion)——这是成为一个真正的长期成功的领导者的关键。

不管你选择哪一条职业发展之路,我相信你必须热爱你所做的。我的个人经历证明了这一点。在雅芳我曾经错过了一次晋升为CEO的机会,那时我可以得到一份领导另一家公司的工作。但一位我所尊重的女性给了我很好的建议。她让我听从内心的选择,而不是头脑的。于是我听从了内心留在了雅芳。最终,我获得了晋升,但最重要的是,我始终热爱我的工作,这才是最主要的。

第二个领导力的特质是同情心:关心别人。我在雅芳任CEO的四年里,不得不作出一些艰难的决定,例如取消某个职位和关闭一个工厂。这些都会伤害别人。这是工作残忍的一面。但我相信在这些决定中我们表现出了同情心和公平性,以及对人的尊严的尊重。尽管面临着环境的压力和要求,但那些希望成为明天的企业领导者的人有这个责任承担起这份同情心和维护人的精神。

同情心和谦卑是相通的。许多人在得知这是雅芳的价值观之一时感到很惊讶。我们没有人能回答所有问题。我们必须相互倾听,因为倾听让我们更强大。我了解我自己一方面就是我在解决问题时会很不耐烦。我直接去寻找解决方案而不是先听别人的意见。我必须要学习了解其他人能给我的有价值的建议,而倾听使我成为更好的领导者。

为了成为一个好的倾听者,我现在每年4次把员工从世界各地(包括中国)集合到纽约,以便听她们对改进业务的建议。我会一整天与她们见面,主要是倾听。这是我做的最重要的事之一。

在当今复杂的世界中,获取平衡是另一个主要的领导能力,尤其对于女性这个挣扎于许多有时还相互矛盾的角色中的群体。作为一个有两个孩子的职业母亲,我的女儿洛伦(Lauren)14岁,儿子杰米(Jamie)6岁,我经常在如何求得平衡中摸索。别人总问我是怎么做的,我的回答是——工作和家庭的平衡非常不容易。

我举个例子。我是一个商界CEO委员会的成员。最近我们应邀到华盛顿去和总统见面。这很令我兴奋。这个机会太难得了。唯一的问题是,这次会见的时间正好是我女儿第一次离家去旅行,这对她和她的朋友们很重要。她希望参加几天的旅行,更需要我和她在一起。

我怎么办?其实我心里从来没有犹豫。总统并不在乎我是否在场。但我女儿在乎。所以我义无反顾地和她一起去车站。不去白宫不会影响雅芳。但我也告诉女性朋友,有时候你的工作排在你私人的事情之后是完全正确的。有时候,工作很重要,但有时候你的家庭更重要。

我今天和你们分享的最后两点优秀的领导力特质可能是所有特质中最重要的,而我们如此幸运因为它们都是我们中华民族文化的根基,是我们几乎从出生那天起就开始向父母学习的。

第一是坚持。我所谈的是最基本的努力工作和在困境时也能如此的信念。在今天快节奏的商业环境下,意料之外的挑战来自四面八方,看不到尽头。有时候我读一些写我和我的职业生涯的文章,看上去好像一切都很容易。但相信我,没有一天是容易的。我现在要比以前任何时候都还努力工作。我必须接纳不断的变化,每次我认为终于掌握局面的时候一项新的没有预计到的挑战就会冒出来。

很多时候你们会感觉面对的挑战令人无法招架。我们每个人都会有这样的阶段。当你试着努力做出一些成就的时候,它们就会无影无踪了。

坚持和勤奋会帮助你度过困境。我的父母给我灌输了这些特质,的确很不一样。有时候我看到年轻的美国人在遇到困难时就放弃了,我总是建议他们再试一次,再一次,再一次,不达目标绝不放弃。这就是为什么有人能够到达顶峰,而有人却没有。

勤奋工作是最基本的,但是光有勤奋不会有用,除非你知道自己的目标要往哪里去。

第二是梦想。这是领导力的最后一个要素。这个世界上所有的伟大成就都始于一个梦想。

雅芳有很大的梦想。其实我们公司今年的主题就是“拥有更多的梦想”。我们想在美容方面成为世界第一;在客户和销售代表满意上也成为第一;我们想成为最佳的雇主;我们想成为慈善事业的领导者;我们想做世界最成功的企业。

我个人也有一个梦想。我的梦想是为全球的女性带来一个全新的体会和帮助改变生活。每次一位女性开设一家雅芳产品专卖店,我们就在帮助她实现创业的梦想。这是一个无限机会的梦想。这是希望的梦想。这也是中国梦:没有什么是不可能的,成功将和你的想象力一样大。

很多意义上,中国梦的确是最大的梦想,这是一个我们共有的梦想。我们不是孤独的。自从有历史以来中国的梦想便吸引着世界的想象力。从哥伦布到马可·波罗,探险家长途跋涉就是为了揭开中国的神秘和发现这里的财富。

中国梦是我们有幸从传统文化中继承下来的。在中国逐渐成为世界性的大国时,这个梦想成长得更快更明确。全球都投以崇敬的目光。我为能目睹这样的成长和成功而感到无比自豪,为这是我自己的传统文化而无比自豪。和你们一样,作为中国人我很骄傲,也为拥有这样的美好的传承而无比感激。这是我的生活和事业中指引我方向的根源。

作为结束,我鼓励你们大家充分利用你们拥有的这个优势。

你们拥有这份宝贵的传承,包括对勤奋工作的价值的尊重。你们知道什么是重要的并且努力实现它们。你们在追求目标的时候会坚持不懈。

在你们追求这些目标的时候,我鼓励你们树立更高的理想。梦想更多的东西。大胆地梦想。发挥你们的想象力可以达致任何的高度。

不管你梦想什么,我毫不怀疑你们可以做到。世界向你们展开。所以尽管去实现你们的梦想吧。

李嘉诚

(香港长江实业集团董事局主席兼总经理)

2012 年 11 月 22 日,中国北京

在长江商学院建院十周年庆典上的演讲

在尊严、自由和快乐中活出精彩

尊敬的各位领导,项兵院长,各位教授,同学、校友、朋友们:

下午好,今天很高兴和大家共聚,一起庆祝长江商学院成立十周年。

我 14 岁那年,一位会看相的同乡对我母亲说:你儿子眼眸无神,骨架瘦弱,未来恐难成大器。他安分守己,终日乾乾,勉强谋生是可以的,但飞黄腾达,怕他没有那个福分!

我妈妈刚刚失去丈夫不久,这番话令她多心

酸。妈妈把失望放在一旁,安慰和鼓励我,说:“阿诚!天命难算,上天一定会厚待善良、努力的人。再艰难,只要一家人相依一起就不错啦。”我当然相信母亲,但我更相信我自己!我请妈妈放心,我内心相信,只有自己双手创造的未来,才是唯一能信任的命运。

当年我们一家生活在战乱、父亲病故、贫穷三重合奏的悲歌中。抬头白云悠悠,前景一片黯愁,仰啸问天,人情茫如风影,四方没有回应。我唯一的信念——建立更好的自己,才能建立更好的未来。

在我眼中,未来跟明天是两回事,天命和命运是不同的。明天只是新的一天,而未来是自己在一生各种偶然性中,不断选择的结果。追求自我,努力改善自己是一股正面的驱动力,当你把思维、想象和行动谱成乐章,在科技、人文、商业无限机会中实践自我,知识、责任感和目标融汇成智慧,天命不一定是命运的蓝图。

你成功追求自我,前途光明远大,你下一阶段的追求是什么?你的价值取向,你的理想是什么?我们活着又是为了什么?世界上千千万万的人,今天依然活在悲惨、孤寂、贫病的绝望之谷,承担社会的责任,是不是我们的义务?

我认为人最大的悲哀是无聊,患上漠不关心的冷淡症,套上自命不凡的枷锁,在专业、行业和权力的高岗上,掌控庞大社会资源和机会,却失去自重心,那些沉醉在过往、滞留在今日,那些对社会问题视而不见、无动于衷的“借口大王”,一定会被社会唾弃和淘汰。

有能力的人,要为人类谋幸福,这是任务。历史中有很多具有创意、有抱负的人和群体,同心合力,在追求无我中,推动社会改革进步。天地之间有一不可衡量、永恒价值的元素,只有具使命感的人才能享有。这不是秘密,可惜,三岁小孩知道的事,不是人人做得到。回想过往,人生似梦非梦,七十年匆匆而去,那个同乡看不起的瘦弱、无神的少年,一直凭努力和自信建立自我,追求无我。

各位同学,你们活在机遇的时代,在这片充满机会的大地上,我深信你们的成就一定比我更高、更好，能量一定比我更大，我们不一定是拯救世界的英雄，但我们谨守正知、正行、正念，应该可以高声回应社会：我们一生未曾不仁不义、不善不正。我盼望，为下一代建立和守望未来，是每一位长江商学院同学的承诺，让我们一起共勉，同塑更美好的世界，世世代代能在尊严、自由和快乐中，活出我们民族的精彩！

图书在版编目(CIP)数据

世界商界领袖演讲精选 /刘植荣编译. —南昌:

江西人民出版社, 2014.4

ISBN 978 - 7 - 210 - 05043 - 8

Ⅰ.①世… Ⅱ.①刘… Ⅲ.①企业管理 - 经验 - 世界 - 通俗读物

②成功心理 - 通俗读物 Ⅳ.①F279.1 - 49

中国版本图书馆 CIP 数据核字(2014)第 064467 号

世界商界领袖演讲精选

刘植荣 编译

江西人民出版社出版、发行

新华书店经销

地址:江西省南昌市三经路 47 号附 1 号(邮编:330006)

编辑部电话:0791 - 86898980

发行部电话:0791 - 86898815

网址:www.jxpph.com

E - mail:27867090@qq.com web@jxpph.com

2014 年 4 月第 1 版 2014 年 4 月第 1 次印刷

开本:787 毫米 × 1092 毫米 1/16

印张:14.75

字数:200 千

ISBN 978 - 7 - 210 - 05043 - 8

赣版权登字—01—2014—82

定价:28.80 元

承印厂:南昌市红星印刷有限公司